THE END OF ECONOMIC MAN:

THE ORIGINS OF TOTALITARIANISM

PETER F. DRUCKER

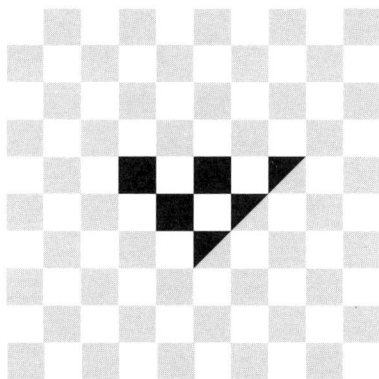

上海译文出版社

经济人的末日

极权主义的起源

[美] 彼得·德鲁克 著
洪世民 赵志恒 译

目　录

中文版序

英国前首相丘吉尔1939年春天在评论《经济人的末日》第一版时，称它是“唯一一本了解并解释两次大战间世界形势的书”，让世人得以理解19世纪欧洲崩解与极权主义崛起的过程。后来，丘吉尔下令，要每位英国军官都放一本《经济人的末日》在背包里，促成本书问世。

此后，陆续有许多探讨极权主义，尤其是纳粹德国的书籍出版。但这些书基本上都是从德国历史和德国哲学的角度，来分析希特勒和纳粹德国。《经济人的末日》始终是唯一一本非叙述“历史”，而是从社会和政治层面来分析20世纪前二十五年之欧洲和欧洲社会的著作。

正因如此，《经济人的末日》对当今亚洲读者相当重要。若要了解身处的亚洲社会，必须先对掌控世界局势的西方社会有所认识。当然，现今西方社会和《经济人的末日》所描述的八十年前的西方社会截然不同。当今社会正迅速成为“知识社会”，也同样快速变成“世界社会”，不再是由西方主宰的社会。但这个新社会的根源，都稳固地深植于《经济人的末日》的社会和经济之中。

彼得·德鲁克

2005年1月于加州克莱蒙特市

1994 年版序

《经济人的末日》是我的第一本著作。本书出版时，我还是一个默默无闻的年轻人。然而本书在 1939 年春天一问世，便引起广大的注意，旋即获得成功。在英国引起的回响甚至比美国更热烈。当时尚未执政的温斯顿 · 丘吉尔为本书写下第一篇评论，一篇热情洋溢的评论。次年，在敦刻尔克大撤退及法国沦陷之后，他当上英国首相，下令将《经济人的末日》列入英国预备军官学校的毕业生书目。（国防部某位仁兄把它跟刘易斯 · 卡罗尔的《爱丽丝漫游奇境》列在一起，很幽默，也很适当。）

本书虽于五十年前出版，但其实写的时间还要更早。我在 1933 年希特勒掌权前的几个星期就动笔了。最早的节录本在 1935 年或 1936 年由奥地利天主教徒与反纳粹的出版商印成小册子出版，讨论反犹太主义在纳粹恶魔论中扮演的角色及其深具吸引力的原因。1937 年 4 月我从英国搬到美国，于年底前完成本书。这是我第一本试图阐述极权主义(totalitarianism)起源的书——“极权主义的起源”也是本书的副标题。这本书迄今仍在销售。本书交由学报出版社(Transaction)出这个版本前已再版数次，最后一次是 1969 年(该版序亦收录于书中)。最近，本书再度受到学术界相当大的瞩目。

在 1960 年代到 1970 年代间，本书有很长一段时间一直被学术共同体刻意忽略。其中一个原因，用现在的术语来说，就是：缺乏“政治正确”。它不符合战后政治上两种广为接受的观点： 一、 纳粹主义(Nazism)纯属“德国”的现象，只能从德国的历史、民族性等德国专属特性去解释。二、 马克思主义者将纳粹主义视为“资本主义垂死前的挣扎”。然而，本书却将纳粹主义与极权主义视为全欧洲的疾病，纳粹德国尤为极端，也最病态，与斯大林主义(Stalinism)相较并无明显不同，也好不到哪儿去。比方说，反犹太主义就并非滥觞于德国，而是首见于1890 年代法国的德雷福斯事件(Dreyfus Affair)中一连串迫害和大规模煽动的行径。《经济人的末日》亦主张，造成“群众的绝望”并使他们轻易成为极权主义迫害及恶魔论之祭品的，是马克思主义而非资本主义在欧洲的失败，因为它无法成为群众的信条及救世主。

本书之所以无法融入战后时期的学术氛围，还有另一个更重要的原因： 只是因为这种氛围依然存在。本书将重要的社会现象视为社会现象本身来看待，此举普遍被视为异端(除了学报出版社和《社会》杂志等异端同伙以外)。当时，许多社会现象都被当成政治史和经济史来看待，换句话说，即为战斗、军队、条约、政客、选举、国民收入统计等名词。〔探讨德国和纳粹主义最好的例子是斯坦福大学历史学家哥顿 · 克雷格(Gordon Craig)的优秀著作，包括他 1978 年出版的《德国： 1866 年到1945 年》(*Germany*: *1866 - 1945*)〕。这样的发展也被世人用以“ism”结尾的字眼来诠释，即各式各样包罗万象的“主义”。研究这个主题的模板，是汉娜 · 阿伦特(Hannah Arendt)1951 年出版的《极权主义的起源》(*The Origins of Totalitarianism*)，她将希特勒和纳粹主义的崛起归咎于 19世纪初期德国的体系型哲学家： 费希特、谢林或黑格尔。

不论这两个方法有多站得住脚，它们本身都还不够充分。就像凳子需要第三只脚，社会现象也需要真正的社会性分析，分析社会的拉力、压力、趋势、转移和变动等。我坚持，这才是社会学要做的事，这才是上世纪初创立社会学的本意。这是社会学大师马克斯 · 韦伯(Max Weber，1864 - 1920)和维尔弗雷多 · 帕累托(Vilfredo Paredo，1864 - 1923)的贡献；也是约瑟夫 · 熊彼特(Joseph Schumpeter，1883 - 1950)所做的： 他将

“创新者”（innovator）视为足以颠覆经济的社会力量；创新者的所作所为并非以经济为考虑，他不会抱持乐观态度，也不会为经济原理所驱使——他是一种社会现象。这也是本书想尝试的。

我那些精通历史、经济和哲学的朋友主张，“社会”是模糊的，根本不可能加以定义。他们说的绝对正确，但历史学、经济学、哲学、国家、科学、诗歌也同样很难定义——事实上，所有这一切都值得思考、谈论和著述。

我们都知道如何处理一些术语——如统计学家口中的“80% 上下”，以实用的目的来看，这么说已经够充分了（尽管语言逻辑学家的说法恰恰相反）。《经济人的末日》将社会视为人类这种特别生物生存的环境。我们可以说，历史处理的是表面发生的事情；而“主义”这种哲学体系，或许可称作氛围。但社会则属于“生态学”（ecology）。

本书并未试图替“社会”下定义，只是想加以理解。不管成功与否，读者都必须自己做决定。但本书是 20 世纪前半叶，也就是极权主义作为一种社会事件兴起之际，第一本试图理解这一主要社会现象的书。即便是 20 世纪后半叶，它仍是如此尝试的唯一作品。但愿光凭这点就能使本书值得一读。

彼得·德鲁克

1994 年 10 月于加州克莱蒙特市

1969年版序

1939年，也就是三十年前，《经济人的末日》首次问世时，被认为是一部惊世骇俗的异端之作。它当然不是唯一毫不妥协地斥责极权主义教条并坚信纳粹主义才是真正祖护恶魔的作品。但是第二次世界大战之前，有几百部作品都在为希特勒开脱。这些书不是假造纳粹主义史，将其视为“德国民族性的表现”，就是将其(与法西斯主义)描绘为“资本主义垂死前的挣扎”，而马克思主义的社会主义则是即将到来的救世主。然而，本书将“民族性”的说法斥为不经大脑的言论，因为民族性或民族史或许能解释一个民族如何行事，但不能解释他们为何行那些事。本书认为，纳粹主义和法西斯主义是蔓延欧洲国家全体的一种疾病。马克思主义也不是救世主，相反，我断言，马克思主义在欧洲的全盘失败，才是大众逃向极权主义绝望炽焰的主因。

以上观点以及衍生出的结论，在1930年代犹如惑众妖言，连我个人都对发表与否考虑良久。本书初稿及主要观点早在1933年希特勒上台时就已成型。即使观点与事实间似乎隐隐相合，我仍对这样的发现深感不安，因此我决定先压一压手稿，留待更多的事实来证明。但是，即便1930年代的世界形势发展印证了我的预言，很长一段时间内还是没有出版商愿意出版这本书。因为书中的结论太过“极端”：希特勒的反犹太主义将会受其内在逻辑驱使，步向“终极方案”，也就是屠杀所有的犹太人；西欧国家的大军将无法有效抵抗德国人；斯大林最终将会同希特勒签署协议。

1938 年秋慕尼黑会议后，时任 John Day 出版社社长的理查德 · 沃什同意出版本书，不过他也劝我以较委婉的笔调暗示这些极端结论，不要太直接。身兼出版商和自由派记者的沃什见识广博、勇气可嘉，他冒险出版本书，果然招致“自由派”评论家的抨击，当时这些人仍沉醉在马克思主义的乌托邦之梦中。

1939 年春天，即本书出版六个月后，正如我所预言的，斯大林果真与希特勒结盟。过了一年到一年半，即 1940 年至 1941 年那个刺骨的冬天，敦刻尔克大撤退和法国沦陷后，率先决定与纳粹恶魔作战的英国，选择《经济人的末日》作为政治书籍，发给即将成为军官的年轻人。

“异化”(alienation)一词在 1930 年代还不是政治用语，在《经济人的末日》中也找不到。虽然如此，西方民众与西方社会以及西方政治信条间的疏离异化，确是本书的核心要点。在某些方面，本书提早了十多年指出，存在主义将于 1940 年代晚期至 1950 年代初期支配欧洲的政治氛围。书中有两篇重要章节，题为“群众的绝望”与“恶魔再现”，这两个用语今天看来再熟悉不过，但在 1930 年代或说法国大革命之后，都还不算是政治辞令。据我所知，《经济人的末日》也是第一本将克尔恺郭尔视为影响现代政治甚深的现代思想家的政治作品。然而，相较于许多自第二次世界大战以来探讨存在主义和异化的著述，《经济人的末日》显然是一本社会及政治论著，而非哲学论著(当然更不是一本神学论著)。本书的第一句话，就开门见山地说道：“这是一本有关政治的书。”的确，本书涵盖了原理、哲学与政治信条，但只是将这些作为具体分析政治动态时所需的材料。它的主题是权力的崛起而非信仰的兴起。《经济人的末日》不太探讨人性，甚至对于社会本质也很少提及。它专注于一个特殊的历史事件：欧洲社会及政治结构的瓦解导致纳粹主义的兴起，进而支配了整个欧洲。构成本书主线的是政治、社会与经济，而非精神上的苦痛。

不同于同时期的其他著作，《经济人的末日》将欧洲的这一悲剧解释为丧失政治信念的结果，也是欧洲民众政治疏离异化的结果。本书特别追溯了人们一头栽进极权主义绝望的过程，并将之归咎于进入“现代”的三百年来，人们对政治信条的不断幻灭。最后一个出现的信条是马克思主义。而导致极权主义兴起的决定性因素，正是马克思主义在欧洲的全盘失败，面对政治现实和社会经验，它显得苍白而缺乏说服力。结果是，欧洲的民众被“再现的恶魔”所征服。“现代”的核心信念，是社会可以被建立成理性的、有序的、可控的并且可理解的。随着马克思主义作为世俗信条的崩解，欧洲社会再度变得非理性、险恶且令人无法理解，不断遭受邪恶力量的威胁，个人毫无抵御能力。失业和战争是两次世界大战间困扰社会的“恶魔”。自由主义欧洲的世俗信条(马克思主义正是其合乎逻辑的最终形式和顶点)，无法驱逐也无法控制这些力量。既有的经济与政治理论也无法解释其成因。虽然其源自人类和社会，并于社会内部发生，但结果证明它们竟和那些曾令人类先辈无能为力而不得不屈服的恶劣的自然力量一样，没有理性、无法掌控、毫无意义而又变化无常。

然而，20 世纪的人类，早已无法像其先辈那样，回到曾给予精神安定的宗教信仰所蕴含的那种合理性。

《经济人的末日》对于宗教的尊重，以及对于基督教教会的重视，在当时可能有点过时。当时的政治分析若真的关注宗教议题，也认为宗教是过时的残骸，教会则是无用的反动派。斯大林当年那句脱口而出的名言：“教皇手里有几个师？”就像听到维多利亚时代的上流社会口吐三字经一样让人惊愕。它直接道出了众人心知肚明却一直被客套掩饰的想法。不过，我的书里有一章，名为“基督教教会的落败”，认为基督教教会原本是应该成功的，并会提供一个新的基础。在本章中，基督教会被视为潜在的反对力量，以及可资利用的政治避难所。那些三十年前深受 18 世纪启蒙思想和 19 世纪反教权主义影响的人，往往忽视基督教异议分子的存在(从克尔恺郭尔到法国的工人牧师)，将他们视为与现实脱节、无药可救的幻想者。就我所知，《经济人的末日》是第一本以当代眼光看待他们的书，认为他们是意志坚定的现实主义者，致力于解决现代社会中的现实问题。这也让本书预示了战后欧洲的一大显著特征：基督教民主政党的兴起，以及天主教教会在教皇约翰的领导下，逐步“与时俱进”(aggiornamento)的过程。

不过，《经济人的末日》也下了另一个结论：教会终究不可能为欧洲社会和政治提供一个基础。教会难逃失败一途，这并不是由现代人对其忽视而造成的。宗教固然可以为个人解答绝望从何而来、存在何以痛苦，却无法为大众的绝望指引一条明路。很遗憾，这个结论恐怕至今仍然成立。西方人(应该说是今天的所有人)并未与这个世界决绝。如果人真的期望救赎，他所求的也是在俗世里寻找救赎。而教会，尤其是基督教教会，其实是可以(也应该)传播“社会福音”的。但它们无法(也不应该)用政治替代恩典，用社会科学取代救赎。宗教，作为社会的批判者，除非放弃了天国、放弃了灵魂与上帝同在的信仰，否则是不可能真正接受任何社会甚至是任何社会项目的。这既是教会的优势，也是它无法改变的弱点——它是社会之良心所系，却难作为一种政治的和社会的力量。

在那个年代，“革命”的呼声沸沸扬扬，但这个词的内涵，却像是抢椅子的游戏，由马克思主义的“无产阶级专政”取代“资本家老板们”。本书可以说是第一次解释了这种所谓的革命，不过是改朝换代而已，是新的统治者不得不暂停现有的权力架构和机制而已。这在今天是老生常谈，因为我们有奥威尔的《一九八四》，米洛万·吉拉斯的《新阶级》和 1968 年秋天苏联入侵捷克斯洛伐克。但是在三十年前，这是一种崭新的观点，连当时的“反共产主义者”也确信，共产主义将彻底改造社会，而不是以一个更为严苛和集权的统治集团来代替原有的。

我发现，当时所谓的“革命”，绝大部分不过是权力斗争而已。我认为，有关生产和分配体系的某种特别的社会及经济体制(即资本主义)，不但会继续存在，还极可能在未来证明其有带动经济发展的能力。

而马克思主义由于其美满的特质，一旦这种绝对正确遭到质疑，大概就难以幸存。三十年前我提出这个观点时，大家都认为，传统经济一定熬不过战争摧毁的这个结论再“明显”不过了。但后来的发展却大大出乎意料之外：欧洲经济复苏，欣欣向荣，以民营企业和私人国际企业为基础的世界经济体系日益茁壮。

但是当我体认到那些同时代人眼中“无法避免的革命”不可能发生的时候，我也发现新的极权主义，尤其是德国的纳粹主义，才是真正的革命：其目的在于推翻某些比经济体制还基本的东西，比如价值观、信仰和基本的道德观。这场革命将希望化为绝望，以魔幻代替理性，而人们的信仰将会化成恐惧、疯狂、嗜血的暴力。

《经济人的末日》希望从社会与政治的角度，深入剖析一场严重的危机。这不是一部“历史”，也不是按照历史的方式来书写的。此外，本书也不是在“报道”，而是试图理解这些事件。因此，我们可以将《经济人的末日》当作是那个时代的肖像，或是自画像；也可视为对两次世界大战期间那段岁月的一种理解。书中最具冲击力的那部分，是那些年普遍的现实，而这对于三十年后的我们而言，简直不可思议。

1939 年的这些现实中，最让 1969 年读者们讶异的，或许是欧洲是当时世界舞台的中心。我写这本书的时候，人在美国，家也在美国，而且埋首于美国的经济和政治研究。的确，这本书问世时，我正在教美国历史和美国经济。不过当时我也开始对亚洲产生浓厚的兴趣，尤其是日本，另外还有印度。（事实上，对亚洲的兴趣，也是间接促成本书在 1939 年出版的原因。理查德·沃什先生不仅是 John Day 出版社的社长，也是《亚洲》杂志的编辑；也因为《亚洲》杂志的关系，我才认识他。）当然本书对于欧洲所发生的事态的预计，对于其出版是真正重要和决定性的。在《经济人的末日》中，也多次提及了富兰克林·罗斯福所领导的美国。我从一开始就指出，希望美国能够证明自己可以免疫于这种摧毁欧洲的传染病，以自身的体系和社会克服这次难关。但显然美国被认为应该袖手旁观。同样，殖民问题也被放在一边。世界的命运就在欧洲论存亡，定生死。

这种观点如今看来简直匪夷所思。这是因为戴高乐将军相信，这么一个以欧洲为中心的世界，闻上去有股浓浓的恒久不变之味，甚至连他最狂热的追随者也这么觉得。但即便是戴高乐也并不认为今日的欧洲是世界中心。他只是相信欧洲应该作为世界中心，而其他地方不应该也不可能成为中心。

但在三十年前，欧洲的确是世界的中心。希特勒相信成为欧洲之王就能主宰世界，不尽然是种疯狂的想法。事实上，希特勒比起同时代其他的欧洲政治家，包括斯大林在内，都来得更为务实。他明白，他的机遇也是欧洲世界帝国最后的机遇，未来世界政治中心必将移出欧洲。而其他人，包括欧洲以外的人，都和戴高乐将军保持同样的看法，认为欧洲的统治优势和中心地位是注定的，是世界永恒秩序的一部分。

本书亦描绘了当时的第二个特点，这在今天同样难以想象：马克思主义是当时多如繁星的社会政治运动、哲思与激情中的超级巨星。本书宣告(也试图证明)，马克思主义已在欧洲失败，也不会与发达工业国家产生任何瓜葛。引用一本比《经济人的末日》晚了二十年的书名，当年的马克思主义可比喻为“失败的神”。随着第一次世界大战的爆发，属于马克思主义那段富有创造力的时代已经画下句点。大战前数十年间，马克思主义一直是欧洲社会、政治和经济领域中，许多创造性思想的源泉。甚至连当时的反马克思主义者，都必须根据他们对马克思主义的立场来定义自己。大战前数十年的欧洲，可以说根本没有非马克思主义者存在。但后来，社会主义国际(又称第二国际)并不能避免、平息第一次世界大战的战火；1918 年大战结束后，尽管欧洲大陆无论是战败国还是战胜国，都徒留一片衰败与混乱，共产主义也无法在任何一个发达国家执政掌权。从此，马克思主义很快在欧洲丧失了活力，成为聊具仪式的咏叹。

1914 年前被马克思主义迷住的精英们，在 1918 年后，几乎全盘抛弃，转向新的政治领袖和新的思想。德国的马克斯 · 韦伯，法国的新托马斯主义者和奥地利的弗洛伊德(仅列出新知识分子中最耀眼的人物)都不是“反马克思主义者”。大体而言，他们并不觉得马克思跟他们思考的问题有什么关系。而马克思主义虽然在一战前造就了一大批思想家和政治领袖，但在一战过后，却没有培育出一个一流的人物，甚至连二流的都没有。

不过，马克思主义在知识精英眼中迅速丧失可信度和创造性的同时，却变得通俗和流行起来。什么词汇都可以套上马克思主义，就像 1950 年代中期精神分析突然在美国流行起来一样。马克思主义不再是那些“高级知识分子”兜里的金条，而成了“中等教育程度者”手中的零钱。无论藉由选举或革命，马克思主义都无法再有效地组织，以获得权力或拥护者。然而，野心家却可以肆无忌惮地操弄马克思主义辞藻，就像墨索里尼那样，用支离破碎的马克思主义教条拼凑出“反马克思主义”，以掩饰他们智识上的贫乏。这种情形甚至在美国也出现过。在马克思主义富有创造力的年代，它对美国没有影响，没有哪一位美国一流的思想家和政治家受到过马克思主义的熏陶。但是在 1930 年代末到 1940 年代初，在欧洲逐渐衰退的马克思主义却为美国的伪知识分子们提供了一套说辞，作为他们思考和分析的代用品，长达十年之久。

换句话说，马克思主义这个“失败的神”在衰败之后对于欧洲政治舞台的影响力，反而大于其之前作为世俗宗教的颠覆时期。《经济人的末日》中讲得很清楚：造成极权主义兴起，导致大众逃向极权主义绝望的主要原因，是马克思主义在欧洲的失败，而并非其胁迫与承诺。

对于 1930 年代，《经济人的末日》还清楚地传达了一个事实：真正领袖人物的极度缺失。当时的政治舞台上充斥着形形色色的人，历史上似乎从未同时出现过这么多工作狂式的政治人物。其中不乏正派的甚至是颇为能干的人才。但除了希特勒和斯大林这两位“黑暗王子”外，其他都只是可怜的小角色，连平庸都算不上。而像巴本、拉瓦尔、吉斯林这样的恶棍，只是无足轻重的家伙，他们恶劣的叛国行径都是错判形势的愚昧之举。

“可是，”如今的读者会反驳说，“当时还有丘吉尔啊！”丘吉尔以领袖之姿出现，率领欧洲反抗极权主义的恶势力，的确是决定性的大事。套用丘吉尔的话，这是“命运的关键”。今天的读者确实有可能低估了丘吉尔的重要性。自敦刻尔克大撤退、法国沦陷后，一直到丘吉尔成为自由世界人们的领袖时，希特勒的大军简直是势如破竹。丘吉尔出现后，希特勒就开始“掉链子”了，他再也无法审时度势，或像之前那样预判到对手最细微的一举一动。这位1930年代的精算师，到了1940年代，就成了失控的莽夫。在三十年后的今天，人们很难理解，要不是丘吉尔，美国可能将听由纳粹势力主宰欧洲以及几乎所有的欧洲殖民帝国。事实上，要不是丘吉尔提早一年让纳粹破功，说不定连苏联也无法抵挡纳粹的侵略。丘吉尔贡献的正是欧洲所迫切需要的：道德的权威，对价值观的信仰，对理性行为正当性的信仰。

不过这些都是后见之明。丘吉尔的名字出现在本书中，并备受敬重。此时回头读当年写的文字，我怀疑当初曾暗自希望丘吉尔能真的出头领导世人。我从未上过冒牌领袖的当，就像当时许多见多识广人士(比如华盛顿的罗斯福总统的幕僚们)向其寻求解决之道的贝当元帅。然而在1939年，丘吉尔与成功擦身而过。在许多人眼中，他不过是个年近七十、并无权势的老头，是一位措辞慷慨激昂(或许是太慷慨激昂了)却让听众们厌烦的卡桑德拉式的预言者，也是一名在野时表现出色，但从政时成绩平平的输家。我知道今天的读者们很难相信，在1940年法国沦陷、敦刻尔克大撤退、签订《慕尼黑协定》的几大巨头被迫下台之时，丘吉尔绝非众望所归的接班人。当然我们现在知道，其他几人确实被考虑过接任首相一职，其中有一两人甚至占尽优势，差点获得任命。

丘吉尔在1940年，也就是本书初版一年多后上台执政，代表了《经济人的末日》中所祈求和盼望的基本的道德和政治价值观重获伸张。但在1939年，人们所能做的，也只有祈求和盼望。因为现实情况就是缺乏真正的领导人物，缺乏自我肯定，缺乏具有价值观和原则的人。

1951年，汉娜·阿伦特出版了《极权主义的起源》一书。该书以探讨观念史著称，写得也相当动人。但这本书明显是非政治的，确切地说是反政治的，主要是探讨德国古典哲学中形而上学体系的衰落和瓦解。阿伦特博士认为，欧洲的（尤其是德国的）知识分子的一大弱点，就是他们轻视社会和政府的现实，对权力和政治也漠不关心。但这种让她深感遗憾的态势，在她身上也展露无遗。当然，除了《经济人的末日》以外，她的这部著作也是唯一真正与"极权主义因何而起？又为何盛行？"问题有关的书籍了。

我们并不缺探讨 1920 年代或是三四十年代欧洲的作品。没有其他的哪段历史能像这一时期一样，唤起如洪水般汹涌的印刷作品：回忆录和传记，详细探讨当时的竞选活动及大量国际会议的专题文章，关于战役、指挥官、战场与战争的书籍。光是探讨苏德两国从缔结盟约到 1941 年 6 月希特勒入侵苏联这两年内关系的作品，就有百多部。

然而，这么多作品中，没有一本（除了《经济人的末日》）试图解释极权主义的兴起。没有一本把极权主义视为一种政治与社会现象来解释，也没有一本分析它得以跃居政治与军事支配地位的内在动力。然而毋庸置疑的是，近年来西方历史上没有其他事件，比极权主义的突然兴起更需要分析和说明的：其政治信条否定了欧洲传统的每一项政治价值，其政治系统也是历史上（至少在西方世界）第一个全盘否定个体价值的体系。

我所谓的 1930 年代的"现实"（假定欧洲是世界中心），衰退后的马克思主义的流行，真正的领袖人物缺乏（甚至是中人之姿的领袖），或许正是世人对于极权主义沉默的主要原因。至今，我们仍由于太接近那段岁月而无法把它作为"历史"客观公正地看待。毕竟，我们这一代，也就是三十岁以上的（尤其是年过五十仍在政治、社会或经济领域担任要职的）人都参与过那段历史，或至少是受害者。我们的人生深受那段岁月的影响。我们不问："当初究竟发生了什么？"而是追问："当初要怎么做才能防止那些事情发生？"我们仍试着抹掉过去，而不愿加以解释。我们远离那段岁月的体验，远到无法想象当时的那些"现实"。它们对我们没有意义。它们跟我们现在看待世界的方式、认识世界的前提以及所认识的世界，格格不入。

因此，那些岁月对我们而言，就像是清晨后的噩梦。我们仍会受其折磨，也许永远也没法摆脱它。但我们不必再忍受它。当初我们怎么会屈服，早已变得难以理解。这本就不是让人去理解的，若强要了解，反而显得愚不可及。毕竟，我们怎么才能解释和理解那些全然无意义的事情呢?

但在今天，那个仍与两次大战间尤其是1930年代“同时代”的世代，也就是活在晨后噩梦中的世代，正在迅速凋零。对现在三十岁以下的人而言，这段时期已成为客观的“历史”。因此，对他们来说，要如何来解释这段历史，是一个有意义的、可理解的，甚至可能是非常重要的问题。所以，《经济人的末日》中所做的努力，于他们而言再度显出意义。

《经济人的末日》问世后，再也没有人试图理解或解释1930年代极权主义的另一个理由或许是，这种尝试显得不再必要了。我们以为这场怪病已经远离，与我们无关。这种想法在西方非常普遍，也不止适用于希特勒和纳粹。在苏联，显然大部分民众确信：“斯大林时代已经一去不复返了。”1960年代曾有过那么多的危险和恐怖。但在我们眼中，希特勒和斯大林的极权主义并不在其中。那么，为那些一去不复返的事情而烦恼，又有什么意义呢?

但是我们能如此笃定吗? 难道周遭没有任何迹象显示，极权主义可能卷土重来、再次压垮我们吗? 尽管我们这个时代的问题与二三十年代不同，现实环境也有差异，但我们对这些问题的某些反应，不禁使人联想到曾将欧洲推向希特勒的极权主义、推向第二次世界大战的“群众的绝望”。一些团体的行为(种族主义者，不管是黑人还是白人，或者是所谓左派学生的行动主义者)，不禁让人毛骨悚然地联想到希特勒麾下的冲锋队队员。他们否认他人拥有任何权利，比如言论自由；他们诽谤他人的名誉，更以蓄意破坏为荣。他们的辞令像极了希特勒，像到令人厌恶。他们那些满脑仇恨的先知所保持的虚无主义，跟希特勒没什么两样。他们的直系先辈正是1910年代至1930年代德国的“青年运动”——留长发、弹吉他、唱民谣。我们也许还记得，德国的青年运动刚开始的时候，是打着理想主义的“社会主义”旗号的，最后却成为了希特勒最狂热的中坚信徒。最重要的是，这些不论是左派还是右派的团体，跟上一代的极权主义如出一辙，认为说“不”就是一种积极的策略。有同情心则是懦弱的。操弄理想主义以追求权力即为“落实理想主义”。他们没有从近来的历史中学到重要一课：仇恨不是解决绝望的办法。

《经济人的末日》无意分析当今的问题。它所论及的无疑是过去、历史、三十年前的问题。不过从本书的确可以看到，藉由遁入虚无主义来逃避这些问题，必将导致暴政的偏执。

这本书也说明极权主义解决不了任何问题。相反，它只会让问题更趋严重，让世界噩梦连连。可以确定的是，我们现在的世界，或许跟之前的所有社会一样，疯狂错乱。但偏执不是治愈疯狂世界的良方。相反，要在疯狂的环境中生存，更需要保持清醒。成熟(借用这个常遭滥用的词汇)并不包括让宇宙万物理性起来。那种19世纪人类的尝试，或许永远都会以挫败而收场。成熟也不包括抹去宇宙万物中的非理性。成熟所需要的是，我们让自己的行为理性起来。也唯有如此，我们才有机会拥有一种正直的、有意义的、有成就感的人生和一个正直的社会。

在书中，我并不想为1920年代的社会辩护，也不想为那个社会的问题和祸害开脱。但我确实想要读者们认识到，完全抛弃“建制”(establishment)的后果，以及相信“不”这个词是充分的答案，甚至就是答案本身的后果。理解昨日极权主义的内在动力，也许能帮助我们更了解今日，并防止昨日悲剧的重演。我尤其希望本书能帮助今天的年轻人，将他们的理想主义、世界恶事加诸身上的苦恼，以及对美好未来的渴望，全化为建设性的行动，而不要像三十年前的年轻人那样，化为极权的虚无主义。因为在后一条路的尽头，只可能出现另一个希特勒，另一个使用毒气室和集中营的“终极方案”。

《经济人的末日》虽于三十年前出版，但至今仍被广为阅读和引用。我认为再版正逢其时，好让更多的读者(尤其是本书初版时还未出生的年轻人)有机会一睹。我的研究工作让我进入了很多其他的领域：研究我们多元社会的新组织，如政府机构、商业公司、工会、医院等组织架构和管理模式；预测并分析知识、学习和感知领域的趋势；在我们“有教养的社会”中，受教育的年轻人的机会、需求和事业。但在我所有作品中，《经济人的末日》可能是与今天的年轻人关系最密切的一本书。它不仅有助于他们了解，我们这些父辈本应当懂得什么，才能避免当年的那场人生浩劫，或许也有助于今天的这代人，避免在他们的人生中重蹈那场浩劫。

彼得·德鲁克

1969年元旦于美国新泽西蒙特克莱尔

前　言

这是一本有关政治的书。它不如学者力求立场超然，也不如新闻报道力求公正客观。本书有其政治上的目的：希望能强化人们维护自由的意志，抵御为支持极权主义而抛弃自由后所产生的威胁。同时，本书依据于一个先入为主的信念：欧洲传统与极权主义革命的基本原则间，毫无妥协余地。

正因了解法西斯主义和纳粹主义会对欧洲的基本原则构成威胁，所以我没办法接受一般人对极权主义革命的解释和阐述。在我看来，他们只谈到表面的现象就满足了，往往拒绝承认那些无懈可击的证据，而死抱着一厢情愿的想法，悲哀地让人联想到所有旧的政治体制为掩饰自身实已灭亡的事实，始终沉溺于自欺。这些旧秩序倡导者的自我欺骗，向来助长的是新的革命力量，而非其自身的胜利。

因此，我似乎得为极权主义找到更确凿、更适当的解释和阐述方式。由于在政治与社会生活中没有所谓的“意外”和“奇迹”，政治与社会的“果”必有其充分的“因”，所以，一场动摇社会基本原则的革命，只有在社会组织的基础发生根本变化的情况下才会发生。它必然肇因于另一场将人类对其天性、社会本质及人类在社会中的功能和地位的观念都彻底改变的革命。

在本书中，我试图将法西斯主义和纳粹主义诠释成一种根本性的革命，并有意将此分析局限于社会和经济领域，虽然我不相信唯物史观。我认为物质绝对不是人类社会的基础，只不过是人类存在的支柱之一。从人类具有双重本质、同时隶属于兽性与神性领域的现象来看，物质绝不比另一条支柱——精神支柱——来得重要，虽也毫不逊色。因此，人类的发展与改变不仅表现在精神活动和艺术创造上，也显露在社会和商业方面；要分析一场革命，似乎必须做全盘分析。但首先，这种尝试必定难逃失败，且会以斯宾格勒式(Spenglerian)的噩梦收场，尽管它并未忽视人类活动最细微的部分(烹饪或性仪式、军事战略或制图)，却还是失却了人类发展过程的线索。其次，前几个世纪的特性是，人类致力让精神层面为物质层面服务。好比要分析16世纪的宗教改革在社会和经济层面的起源，显然是最迂回且浪费时间的方式，因为从13世纪到16世纪的特征是，人类一直试图让物质附属于精神领域之下。但若要从精神层面开始分析此时正在进行的革命，同样也是虚耗光阴。不过，请别忘了，我对社会层面变革所做的分析，也只提供了半张图而已。

我尝试做的分析，可追溯到欧洲在希特勒上台前的太平日子，当时，民主世界很快就要趋于完善，意大利的法西斯主义不过是个无关紧要的小讨厌。但甚至在那个时候，心灵的平静看来也是虚幻的，某个浩劫正在逼近。于是，我的分析在纳粹于德国掌权的同时，基本上已经完成。它通过了之后多年来的考验，让我在预测时事所趋方面有某种程度的正确性。因此，我既然敢说它已证明不只是假设，也就认为这本书有充分的理由出版。

但在此同时，我觉得必须附带提出一个我认为很重要的警告，书中也再三强调：尽管这个分析是在纽约完成，且主要为了美国读者而写，但结论绝不可任意套用于美国。日后将决定美国各方面发展的潜在力量，与欧洲都有所不同。许多朋友很容易把欧洲模式套用到美国发展上，在我看来，这既不利于理解美国，也危害到对欧洲的认识。如果我的主张与结论被这样运用(或滥用)，那就真的与本意背道而驰。

最后，要感谢我的妻子，在写书期间一直支持我、协助我，给我意见、批评和建议。没有她鼎力相助，我绝对无法完成这本书。承蒙理查德 · 沃什先生校对整篇手稿，提供事实证明了极宝贵的意见和建议，也非常感激；还要感谢哈洛德 · 曼海姆先生花了很多时间帮我校稿，他给的许多建议都成为定稿的依据。

彼得 · 德鲁克

1939 年 1 月于美国纽约布朗克斯维尔

第一章

反法西斯主义的错觉

短短几年内，法西斯极权主义已经成为全球革命的主要潮流。它变成欧洲唯一有影响力的政治势力，让民主制度无力抵御内忧外患。全球各种分歧甚至矛盾的运动，都拿法西斯主义的意识形态及措辞当幌子：近东地区的新民族主义、远东的旧封建主义、拉丁美洲传统的军事政变和“种族觉醒”、亚非殖民帝国的宗教反抗，皆自称为“极权主义”；三十年前的民主政体运动和十年前的共产主义运动，着实也该打这面旗帜才是。而共产主义这场昨日的世界革命，不止被迫承认仅能自卫，也不得不承认丧失了战斗力。不论共产主义领袖的脑中对遥远的未来还有什么高见，他们和资产阶级与资本主义民主组成联合阵线、对抗法西斯主义的结果，是再也当不成革命力量，也等于宣告放弃了要做未来社会秩序之先驱的承诺。“法国人民阵线”的无能，以及发生捷克斯洛伐克危机后，联合阵线思维的彻底溃败，都表示共产主义再也无法有效抵抗法西斯主义。

从极权主义在国外普遍遭遇敌意的情形来看，它能如此迅速取得优势，实在惊人。世人无不害怕极权主义的残忍、担忧它的激进、憎恶它充满仇恨的口号及信条。与之前所有革命不同的是，即便是旧秩序国家的少数族群，也无法接受极权主义的宗旨、精神和目标。然而，法西斯主义仍稳定地取得进展，直到称霸欧洲。

为何那些坚定的民主派反对人士，制止不了这个危及他们所有信念的最大威胁呢？原因并不是怯懦。为了对抗法西斯，西班牙有无数人捐躯，奥地利工人牺牲性命，意大利和德国也有许多默默支持反对运动的无名劳工，这些人的英雄气概无庸置疑。但是，若勇气挡得住极权主义，极权主义早就被阻止了。

所有抵抗法西斯威胁的运动皆徒劳无功的原因，在于我们根本不知道在抵抗什么。我们知道法西斯主义的表征，却不了解它的起因及意义。而那些自称反法西斯主义者、将反对法西斯作为主要信条的人士，所坚决抵抗的是他们自己捏造的幻觉。这种无知才是失败的主要原因；民主国家的部分人士一厢情愿地认为，法西斯式的“激进主义”只是过渡，以及反法西斯主义者认为法西斯主义“不会长久”的错觉，都是民主无能抵御法西斯的原因。因此，分析法西斯主义之成因，看来才是我们最重要的工作。

试着用理性了解法西斯主义的现象，并非像许多情绪凌驾理智的人常断言的，是要为它辩护或辩解；相反，唯有这么做，才能顺利展开行动以阻止它在全球蔓延。

法西斯主义这场威胁所有欧洲文明基础概念的革命，生根于欧洲长久以来的发展。这股在欧洲塑造法西斯主义的力量，在美国能起多大作用、活跃到什么程度，我没有资格论定。但我深信，美国与欧洲大不相同，且具有强大的独立力量，因此我所有的结论不能直接套用于美国。我希望这份对法西斯起因与意义的分析真能对美国有所帮助，但不希望误导美国读者把欧洲的陈词滥调应用在自己的国家上。

除了某些明显曲解证据、根本不必特别反驳的主张外（如法西斯国家多数民众私下皆对政权怀有敌意，只是遭到恐怖政治镇压），对于法西斯主义的本质，一般有三种说法：一、它是人类原始残忍野性的恶意爆发；二、它是资本主义一时的成就，目的是为了拖延或防止社会主义终将得到胜利；三、它是无耻而技巧完美的宣传手法，对愚昧大众及其本能之影响的结晶。

若要解释极权主义的起因及本质，以上三点均无意义。法西斯主义当然以血腥残暴见长，也的确践踏了个人的生活与自由。在相信绝对善恶的作者眼中，光凭这点就足以全面谴责法西斯主义。但它无法提供任何解释。残暴本身不过是一种症候，代表法西斯主义跟所有革命一样，是种将人们震出生活常轨、释放出他们隐藏的凶残本性的革命。暴虐、残酷和血腥是每一场革命共有的特征——不管革命的起因、本质和方向为何。这种破坏力仿佛瞎了眼一般四处造孽。

至于把法西斯主义视为资本主义拖延社会主义革命的最后一搏，纯属谬误。说“大企业”（big business）助长了法西斯主义并不准确；相反，在德国和意大利，法西斯的支持者和赞助人在工业及金融阶级所占的比例非常之小。说“大企业”从法西斯主义那里获益也同样不准确，它还可能是所有阶级中，受到极权主义经济和国防经济（Wehrwirtschaft）创伤最重的一个。更荒谬的是，竟有人坚持，资产阶级（甚至其他任何人）有理由担心劳工阶级在法西斯上台前的意大利和德国获得的胜利。这整套理论只不过想扭曲历史，是站不住脚的辩解，不是认真的说明。

对法西斯主义最危险也最愚蠢的解释，则是所谓的宣传理论。首先，我没听过哪一项宣传理论能说明下面的事实：直到法西斯主义（以及后来的意大利）胜利之前，所有宣传工具其实都牢牢地握在反法西斯分子手上。没有哪家拥有广大读者的报纸不极尽揶揄希特勒和墨索里尼之能事，支持纳粹及法西斯的报纸则乏人问津、濒临倒闭。德国的广播电台（政府拥有）一再猛烈抨击纳粹；比报纸和广播更有力的国立教会，也纷纷利用讲道坛、告解室等巨大的直接影响力，来打击法西斯主义和纳粹主义。

不过，比起另一种目光短浅、自欺欺人地用来反对法西斯的论调，这算是小巫见大巫了，那种论调就是：群众被宣传麻醉了。而这根本就是在拥护法西斯的主张；希特勒也在自传《我的奋斗》中利用了这点。我们不断宣称，对抗法西斯是为民主自由而战，为个人自由与不可剥夺的人权与尊严而奋斗。如果连我们自己都承认，群众会受宣传诱惑而放弃这些权利，那我们的信条就丝毫不具正当性，那我们干脆也变成法西斯分子算了。这样至少比那些狂妄的假贵族作风更真诚，伤害也更少——假贵族们在为自由凋零哀悼的同时，又担心群众造反。

但否定群众的自由和自决以避免他们受宣传影响，也不能保证走向法西斯主义的另一边；就算没有宣传，也阻挡不了法西斯主义蔓延。探讨大众心理的学术书籍中，所有渊博的学者都归向同样的结论：我们没有用四肢爬行，或没有全部成为裸体主义者的原因，在于碰巧没有出现足以煽动群众的领袖，因为事实证明群众很容易成为优秀销售员的猎物，不论他卖的产品是什么。然而一如以往正确的是，宣传只能改变本来就相信的人，也唯有满足人们现在的需求，或平息人们面临的恐惧时，宣传才具有吸引力。某种宣传形式的成功，以及成功的原因，都是极重要的征兆；但宣传并非起因，反宣传也绝非解决之道。

反法西斯运动满足于上述（部分不正确、部分无意义却绝对肤浅的）解释，并非偶然。他们沉湎于自欺与妄想，必然会有这样的结果。他们不愿认清、拒绝理解，法西斯主义的“全貌”不是在现有政经体制内部的政治结盟，而是与所有革命一样，是一场由外部开始进行的革命。反法西斯主义者认为，世界的本质并未改变，而法西斯主义必须以某种方式适应之。但事实上，法西斯主义已经改变甚至摧毁了这些昨日的本质，从每个国家一发生战争就走向极权的事实便可得知。因为，只要战争仍是一种政治手段，战时任何社会组织的彻底改变（如第一次世界大战“总体战”中以全新武器与交战国概念造成的改变），都象征社会与政治秩序产生了深刻的革命性转变。

旧体制一直怀着一种错觉，认为革命不是革命，而是某股旧势力以全新的伪装出现。16 世纪的罗马教宗、17 世纪英国保王党员（Cavalier）和 18 世纪的法国贵族都顽固地坚持：只有极少数人支持新运动，而新运动之所以成功，全是煽动暴民和唤起人性本能之故。这样的错觉向来是旧势力垮台的主要原因。唯有将革命视为革命，并正确诊断其真正起因，才有可能战胜它。而革命的真正起因，也是唯一可能的起因，就是价值秩序（特别是人类对其天性及其宇宙地位、社会地位的概念）发生根本、彻底的转变。

想了解法西斯主义和过往的革命有何区别，就必须从那些首度出现的、专属法西斯主义的表征着手。因此，恐怖、残暴、对异议分子和少数族群的无情迫害等一般革命的典型特征，我们大可不必理会。同样，我们也不必管军事独裁之外在形式，甚至是独裁者来自下层阶级、不属于旧秩序的“上流社会”的事实。最后，与一般看法相反的是，这场革命运动结合“形式合法”与“公然违法”之举，某种程度也是所有欧洲革命的共通现象——早从克伦威尔执政前，中央集权政府取代封建分权制度时就出现了。

最初于法西斯主义出现而使之有别于其他革命的表征，共有三点：

一、法西斯极权主义没有任何积极的意识形态，只是一味驳斥、打击与否定所有传统的思想与意识形态。

二、法西斯主义不仅驳斥一切旧思想，也否定先前所有政治与社会制度建立的基本原则，包括社会与政治制度的正当性，以及依据该制度建立的管理机构作为增进人民福祉唯一方式的正当性。这在欧洲历史上前所未见。

三、群众加入法西斯主义，并不是因为他们相信它要成为一种积极信条的承诺，而是因为他们不相信这类承诺。

我们可从墨索里尼身上得到印证：他不断鼓吹，法西斯当权后不会有任何积极的政策，没有方案也没有制度。之后，历史学家及哲学家才受委托塑造一套意识形态。希特勒则没那么坦白，或者说脑筋没那么清楚；但关于纳粹主义的积极信条：对日耳曼古老神祇，北欧完美人种，由自治、自主“有产阶层”（estates）组成的公司国家（corporate state）以及英雄家庭的崇拜，在书中都能看得到。但群众对这些概念或思维兴趣缺缺，连组织最完善的民众集会都没有表现出狂热。群众之所以疯狂支持希特勒，肯定不是为了这些谜样的新信条。

墨索里尼（后来希特勒也模仿他）企图要从缺乏积极信条的情况下创造价值，从什么都没有中创造制度。那（不是别的）就是墨索里尼所谓“人类创造历史”的涵义！这句口号应该解读成“墨索里尼创造历史”，它并非原创，也没什么重要性可言；但墨索里尼有更多用意，他想要主张“行动先于思想”，革命理应先于新信条或新经济秩序的发展。以历史观点来看，这根本是一派胡言。过去所有革命起因于知识领域或社会领域中(或两者皆有)悠久而深刻的发展。“伟大的历史人物”充其量只是导火线，而且通常只是工具。然而，就应用于法西斯主义及纳粹革命的情形来看，墨索里尼的论点是正确的——或说是部分正确。“行动”(即革命)发生之时，确实尚未发展出任何积极信条或是新的社会经济秩序。

但极权主义如果缺乏积极信条，就会出现很多负面观点做补偿。当然，每一场革命都会否定过去，认为自己神志清醒、能与过去断绝关系；毕竟，历史的延续性只有后世看得到或想象自己看得到。然而，法西斯主义否定过去的程度，远远超过之前任何政治活动，因为它把这种否定当作最主要的政纲。更重要的是，它同时否定了本质对立的思维或趋势。法西斯主义反对自由，但也反对保守；反宗教，也反无神论；反资本主义，也反社会主义；反战争，也反和平；反大企业，也反对被认为是多余的技工与店主——这份清单可以无限延伸。纳粹也是典型的例子，它所有宣传的主旨不是北欧人种，不是纳粹主义的承诺、征服或成就，而是反犹太主义——攻击希特勒执政前的“十四年”、攻击外来的阴谋。多年前，我曾听到纳粹煽动者在一场农民疯狂欢呼的集会中宣称：“我们不要面包太便宜，我们不要面包太贵，我们不要面包的价格一成不变——我们只要属于国家社会主义的面包价格。”这是我听过最贴近法西斯主义的诠释。但为了深情地唤回罗马恺撒大帝时期的荣光(那不管怎么看都太过遥远而无法当作现行的传统)，意大利的法西斯主义遂以这种方式运作。

在这些对欧洲传统的否定中，有一项格外重要：驳斥“政治与社会秩序及依其建立的当权机构，必须证明自己在造福臣民”的需要。在法西斯主义眼中，几乎没有哪个过去的概念或思维，比权力的正当性更为荒谬。它认为“权力本身就是它的正当性”是不证自明的。从这句新格言在欧洲广为接受且被视为理所当然的程度，就可看出极权革命已深得人心。事实上，这是最惊人的创新。亚里士多德之后的两千年，权力与当权者的正当性，一向是欧洲政治思潮与欧洲政治史的核心问题。而在欧洲人信奉基督教后，所谓的权力正当性无非就是藉由行使权力为臣民谋福利——拯救他们的灵魂、创造“更好的生活”，或者让最多数人达到最好的生活水平。连拥护完全君主专制的最狂热分子都不敢另作他想。16 世纪提出君权神授概念的德国新教圣职人员，以及英国哲学家霍布斯与法国作家波舒哀，皆为证实臣民的利益而煞费苦心。意大利政治家马基雅弗利之所以受尽同时代的人及后世的蔑视，完全是因为他对权力之道德正当性漠不关心，这态度害这位诚恳老实的男人在道德上遭到排斥——即使身在腐败而权欲熏心的意大利文艺复兴时期。所有立基于欧洲传统的社会制度，权力正当性一定是核心问题。因为就是单单透过这个概念，才能将自由与平等(或如之前所说的：正义)投射到社会与政治的现实状况中；而基督教传入欧洲以来，自由与平等就一直是欧洲基本的精神思想了。但对法西斯主义来说，这个问题除了像是可笑的“犹太自由主义”残骸外，根本不存在。

法西斯主义真正的本质，还有一个更重要的表征：投群众所好的心理学。几乎所有研究法西斯(及其他)问题的学者都把重点放在解释“宣传”上，就暗示承认了这种心理的重要性。乍看下，“三人成虎”、“众口铄金”等成语是明显且易于了解的解释，但偏偏是错误的解释。在希特勒掌政前的德国，让我印象最深刻的莫过于：几乎无人相信纳粹的承诺，连最狂热的纳粹分子都对纳粹信条漠不关心；非纳粹党的人士公然嘲笑。但群众却纷纷投入纳粹的怀抱。

有个例子——包斯罕文件(Boxheim Documents)——充分显露了纳粹宣传之中对信仰的内部矛盾：希特勒掌权前，一批年轻的纳粹分子试图为即将到来的纳粹国家规划蓝图，而轻率地公布了一份备忘录。他们严密遵循了正式党纲，以及希特勒的演讲与著作。其结论是已获证明正确得惊人的预测。然而，尽管过去从没有任何推论碰触到纳粹信条的基础，这份文件发布后，却引起无穷无尽的讪笑——在纳粹内部。当时我曾和许多坚信纳粹的人谈过，包括学生、小店老板、白领阶级、失业人士等，他们一致由衷相信这件事情太荒谬了，只有最愚蠢无知的人才会真的以为纳粹信条和教义有可能或一定会实现。“在那种情况下根本不可能生活，那种生活令人无法忍受”是所有虔诚的纳粹信徒（每个都愿意为党牺牲）一致而真心的结论。

同样惹人注目的是，绝大部分的纳粹分子根本不把种族的反犹太主义当一回事。“那只是吸引选票的口号”是每个人都相信也反复说着的话；若还有人当真，就表示他是真的笨、容易受骗。

同样的矛盾也显现在“要战争还是和平”这个极其重要的议题上。1933 年之前，德国人无疑就像欧洲其他民族一样害怕战争，今天的情况也差不多。在众人眼中，希特勒的对外政策显然最终就是战争；然而所有纳粹分子始终坚信希特勒追求和平的声明。

群众一定都知道希特勒的承诺彼此矛盾。他们可能同时被灌输了激进的反基督宣传，又听到纳粹是教会的救星等同样热烈的主张。但德国农民被合作组织训练了一百年，德国工人也经历了六十年工会制度与劳资谈判，不可能没发现这些同时存在的承诺间的明显抵触〔如戈培尔博士（纳粹德国的宣传部长）在 1932 年同一场演说中所说的〕：农民种谷物的收入会更高，工人可以买到便宜的面包，面包店和杂货店会有更高的批发和零售盈余。再来，1932 年的柏林金属制品工人罢工（德国史上怨恨最深的劳工斗争）之时，纳粹和共产主义者一同支持罢工、对抗已取消罢工的官方工会，而同一时间希特勒又在公开演讲中，向非常具有阶级意识的金属制造业者保证，在纳粹主义下，他们一定可以夺回经营权。结果呢？半数劳工和几乎所有工业家都成了纳粹的信徒。然而，任何宣传都不可能让柏林的金属业主或德国劳工忽略或忘却这样的矛盾。还有，希特勒一方面在法庭中发誓，他绝对会以“合法的方式”行动，同时，一有人杀害手无寸铁的反对者，他就会热情地拍电报到各地，赐他们“纳粹荣誉党员”为奖励。

别忘了，这些惊人的“功绩”也逃不过立场敌对的报纸、广播电台、电影界、教会及政府的眼睛，他们不厌其烦地指出纳粹的谎言、纳粹前后矛盾的言行、纳粹开出的空头支票，以及纳粹路线的危险与愚蠢。显然，如果理性看待纳粹的承诺是信仰纳粹的必要条件，那么根本没有人会成为纳粹信徒。

此外，纳粹领导人从不假装自己说的是实话。希特勒在书中坦言说谎之必要，纳粹领导人也跟着以公然漠视真相、大开空头支票为荣——戈培尔博士更是个中翘楚。在群众集会中，我不只一次听到他在人们为某个精辟谎言欢呼时说："当然啦！你们知道一切都是宣传。"然后群众报以更热烈的欢呼。

同样的事情在奥地利如此，在捷克斯洛伐克如此，据我了解，在前法西斯时期的意大利也差不多如此。还有别的理由可以解释，虽然(或甚至是因为)群众明明不相信法西斯的承诺，却愿意相信法西斯主义吗?

以上三个法西斯主义的独有特征，包括缺乏积极信条及过分强调反驳过去，否认对权力正当性的需求，以及群众尽管不相信法西斯的说辞和承诺却信任依旧，都是我们要建立严谨分析时，必须仰赖的症候。虽然重要，但这些都只是征兆而已，尚不足以解释法西斯主义。不过它们仍显示出疾病所在，也指出疾病所属的类型。

三者之中，就属第一个最容易了解及辨认。过度强调负面，显然是为了弥补积极信条的不足。我们可以看出，就算在墨索里尼和希特勒身上，行动也不会先于思想出现，而革命必须具有信条；如果找不到真实积极的新信条，就必须以消极、负面的取代。这意味着法西斯革命就和欧洲所有的革命一样，根源于宗教、知识和社会层面的发展，而不是像它伪装的那样，根源于行动。和一般模式相较，它只有一个根本差异——但并非本书稍后会出现的恒定模式。在典型革命中，旧秩序、旧制度、旧信条崩解的同时，新秩序也会兴起。法西斯革命与之前所有革命一样，起因于旧秩序从内而外的崩解；但它和历史惯例明显不同的是，旧秩序瓦解之后，并未马上出现新的积极信条。

这也说明了法西斯对权力正当性抱持的态度，那向来是欧洲所有秩序与信仰的支柱。毫无疑问，要是有解决的办法，因缺乏积极信条而备尝艰辛的法西斯主义，一定会用来延续这个欧洲传统。因此，与自由平等及权力正当性的决裂暗示了，要延续这个欧洲传统、又要从中衍生出新的解决办法，至少在目前是不可能的。这些欧洲基本概念不能再依循数百年来的方向发展，显然就是法西斯主义形成的根本原因。

第三个症候支持了这个假定：法西斯主义吸引群众的心理学，同时也阐明了其新办法的本质。乍看下，这门心理学似乎相当离奇且复杂，但其实在我们的日常生活中比比皆是，而且不难了解它的意义——只要相信自己不相信的事情就可以。就像偷糖果时不小心打破罐子的小男孩，知道自己一定会被发现、会被处罚，却不断祈祷、期盼，相信自己不相信的事情，也就是他可以逃过一劫。英国政府近几年也在做同样的事情：它知道和独裁者之间不会有长久的和平，却信自己所不信、抱着没希望的希望，期待和平真会出现。小男孩和英国政府都期待奇迹出现。小男孩希望他的守护天使能介入，或刚好一把火烧掉房子湮灭证据。英国政府因为是由成熟男人组成，故向命运要求更不可能发生的奇迹：它希望德国发生革命、经济危机或苏德战争爆发。两者都希望能有违反一切事理的奇迹出现，因为另一种选择实在恐怖得难以面对。两者都因为绝望而祈求奇迹出现，群众转向法西斯求助的原因也是如此。

旧秩序瓦解了，世人却无法从旧基础设计出任何新秩序。结果就是一片混乱；而绝望的群众只好求助于那些保证要让不可能变成可能的魔术师：在让工人获得自由的同时，又让企业家“当家做主”；提高小麦价格的同时，又可以让面包变便宜；会带来和平，又要战争胜利；要什么、有什么，人人的愿望都可实现。所以，群众投向法西斯主义的怀抱，正是因为它矛盾且不可能。因为如果你被困在过去的洪流，无法回溯来路，前方又是一堵显然爬不过去的白墙，你只能期待魔法或奇迹来救你。一位大师在体会了最深沉灰暗的痛苦后喊出：我信，正因为荒谬。事隔好几个世纪，这句话再度回响在我们耳际。

群众的绝望，就是理解法西斯主义的关键。不是“暴民造反”，也不是“无耻宣传的胜利”，而是旧秩序瓦解又缺乏新秩序所造成的彻底的绝望。

哪些东西瓦解了？为什么瓦解？又是如何瓦解的？法西斯主义必须实现哪些奇迹？它会如何尝试？能不能成功？会有新秩序出现吗？什么时候？又以什么为基础？在接下来的分析中，我会一一回答这些问题。我只预提一个观点：法西斯的胡言乱语，就是代替秩序与信条的组织；虽然它无法成功，也不会长久，形式上的资本主义民主与社会主义民主，却都无法阻挡其蔓延。但随着对这个体制的美化走到末路，就表示终会有一种新秩序，再次建立在欧洲传统的根本价值，也就是“自由和平等”的基础上。

第二章

群众的绝望

法西斯主义的出现，正是欧洲宗教与社会秩序崩溃的结果。造成这些秩序崩溃最终也最具决定性的因素是：欧洲群众对马克思社会主义信仰的彻底崩解；因为事实证明它无法克服资本主义、建立新秩序。

马克思主义在欧洲失败的原因并非在于经济层面。有人认为它从未在“有利的经济条件”下试验，这跟实际的问题完全没有关系。马克思主义者和非马克思主义的经济学家之间的争辩和讨论，在各方面也不重要。马克思主义的经济也许会导致产品、财产、消费的增加，为无产阶级带来今天连百万富翁都买不起的好东西和奢侈品；但马克思主义已经被证明为失败，群众对它的信念也已经瓦解。而另一方面，即使经济失败导致迅速的贫困和极端的痛苦，只要马克思主义的社会承诺可以实现，它的信条也不会受到撼动。

承诺要战胜资本主义下不平等、不自由的社会，再透过无阶级社会实现自由和平等，是马克思主义兴起的原因，也导致了它的没落。正因为历史证明，它不但无法创造无阶级社会，甚至可能会促成更僵化、更不自由的阶级模式，因此马克思社会主义已不再是一种信条。从作为未来秩序的福音、承诺以革命克服资本主义的不平等，马克思社会主义后来已经变为资本主义的对立面，如此一来它才会更具影响力。但是，一个竭尽心力搞反对的运动，其诉求和根据必定源自它要反对的系统。当社会主义的功能只剩下批判，若还要在社会发挥影响力，就必须依赖资本主义的存在和根据。社会主义虽然可以削弱资本主义的信念，却无法取而代之。一旦资本主义崩溃，马克思社会主义也就丧失所有根据和正当性了。

人们之所以信仰马克思主义的秩序，是因为社会主义这条根本理论：资本主义随着生产单位日益扩大，必将发展出这种社会结构；除了少数掠夺者外，其他众生都会沦为同等的无产阶级。只要剥夺这些少数人的所有，便能催生出无阶级社会。换句话说，随着生产单位日益扩大、特权分子日益减少，最后所有生产机制必将合而为一，为劳动群众所有，也为他们运作，一切不平等和特权将会消弭殆尽。然而事实证明，特权分子的数量几乎依生产单位规模的等比级数增加。没错，独立的“老板”是减少了——尤其大公司的个别小股东，又常因不具管理权而不被视为拥有独立地位，但生产单位愈大，中间的特权层级就愈多，这些人不是独立的企业家，也不是地位平等的无产阶级成员。在薪资过高的大公司董事长和薪资微薄的簿记员之间，在生产线的首席设计师和半技术性的工人之间，出现了一大堆依赖他人的中产阶级(bourgeois class)。这些人在“剥夺来的利润”，即马克思主义所谓“资本家”的特性中，沾不到多少好处，但只要不平等的社会维持下去，他们就能保有既得利益。在生产力完全社会化之后，这些拥有特权但受雇于人的中间阶层，人数、规模和强度都会巨幅成长，进而排挤社会底层无一技之长的劳工；呈倍数迅速繁衍的科层体系即以底层劳工的名义，以及为他们有名无实的利益，规划、设计、指挥并管理社会和经济结构。就经济层面而言，这样的制度或许可以实现效率和生产力的奇迹，但绝非无阶级社会，而是由许多天生敌对的阶级结合而成，是空前刻板、空前复杂的社会形态。这样的社会主义国家非但无法奠定真正的自由，反而会创造出一个不折不扣的封建社会，尽管它宣称受奴役者才是受益者。在封建制度最盛行的12世纪和13世纪初，社会赖以建立的信条使得当时的金字塔阶层显得合理。但社会分层在社会主义国家没有正当存在的理由，甚至无法自圆其说；它就像没有了上帝的教权制度，毫无意义可言。由于实施社会主义必然产生这样的社会，因而证明马克思主义的信仰基础完全无效，无法成为未来秩序的先驱。

从马克思开始，马克思主义者就致力于解决中产阶级(middle class)的问题。但如果想继续成为社会主义者，除了与实际政治有关的问题以外，他们必须对所有纠葛视而不见。最近在这个方向上的努力，是美国的哲学家胡克(Sidney Hook)和英国的社会主义作家斯特雷奇(John Strachey)针对共产主义“统战”政策所提的正当性和解释。然而，光是把中产阶级的问题当作政治上的权宜之计来处理，并不能真正解决问题。否认这个问题的存在，并不会让它变成比较不重要、不根本的问题。然而，只要承认中产阶级问题根本的重要性，社会主义的信念就会被摧毁。战前的欧洲有三位大有可为的政治哲学家——法国的索列尔(Georges Sorel)、意大利的帕累托以及德国的米歇尔(Robert Michels)，都是先成为忠诚的马克思主义者，寻找社会主义对这个问题的根本解决之道，之后又强烈反对马克思主义，而成为法西斯主义在智识及精神上的始祖。

为了对马克思的天赋表示尊重，我们必须说：在所有马克思主义者中，能看出这个根本问题，还能继续当“马克思主义者”的人，只有他自己。但他之所以始终如一，只是因为他仅将问题当作一种经济理论来阐释，而完全忽略它更重要的社会层面。但就连他也没找出答案而不得不放弃。众所皆知，马克思主义经济体系的价值理论中有相互抵触的地方，这种两难的推理其来有自：那正是将中产阶级的问题套用经济公式的结果。马克思的价值理论(也就是其经济体系的基础)宣称：只有工作才能创造价值，而一项产品的最终价值等同于耗费其上的工作总量。它接着引申出：只有工作才是有生产力的，而构成“非工作性收入”的利润是从工人身上强夺过来的。而且，所有工作的价值都相同；所有工人都要依照所付出的劳力，给予相同的报酬。但马克思其实相当清楚，不同的技能会对产品的最终价值，做出不同质量的贡献。他了解，这一点势必将会成为小资产阶级享有不平等特权的借口，最后还会暗示，从事工业制造的资方拥有私人利润，具有经济上的正当性。

如之前所言，对此马克思自己也放弃了。一般人认为，他无法称心如意地解决中产阶级的问题，正是他没有完成《资本论》末卷的原因。

对于这个最重要的层面，他甚至只字未提：一旦资本主义朝“垄断”(one-monopoly)的阶段前进，中产阶级必然会逐渐扩张且享有更多不平等的特权。现代化的大生产已经证明：簿记员、工程师、制图者和采购员构成的工业科层体制，是工业生产中最重要、最不可或缺的部分。至此，马克思主义“移交所有权、废止私人企业，将能建立无阶级社会”的梦想，必然化为泡影。如此一来，相信“所有产业逐渐走向大型垄断的趋势，会‘自动’导致所有权发生革命性的转变”的信念，也跟着消失殆尽。

如果社会主义无法建立无阶级的社会，那么它的目标就只能局限于改善工人的社会及经济状况，于是演变成工团主义(trade-unionism)。这种演变不是技术或方法上的单一变更，而是整个性质、整个根本法则的变革。保证一定会创造无阶级社会的社会主义，在历经“必然”且合理的失败后，便重新将目标设定在建立一个取代资本主义的新秩序。如此，它致力于让资本主义崩溃，并张开双臂欢迎任何能促成此事的发展。它由外而内地成了资本主义的反对者。摇身变成工团主义的社会主义，把目标放在改良隶属资本主义的一个阶级。它奋力为这个阶级争取最大的“股份”，即资本主义生产方式底下的最大股份。任何对整个资本主义体系有益的事物，也一定会对此工团式社会主义运动有益，因为它增加了可在各阶级间进行分配的总体收入。由内而外作为反对者的社会主义是有益也是必然的，唯此必须接受资本主义社会体系的根本法则。

根据社会主义信条，资本主义经济愈接近变成社会主义的“成熟”时机，资本主义内部的劳工运动所扮演的新角色就愈加显著。最明显的事例是美国资本主义的发展。在美国，劳工运动尽管层出不穷，却从未变成社会主义运动，而是有意识地接受资本主义秩序。这不是因为国家很年轻，也不是因为它充满独立自主的机会，更不是因为缺乏阶级意识；而是因为美国的主要产业，一开始就以大企业之姿出现。在欧洲，劳工运动滥觞之时，产业大多仍是小商铺的形式，只有老板享有特权及不平等的地位；这么一来，劳工运动便以社会主义革命运动的样貌开始，相信透过工业化成长，便可达到无阶级社会的境界。然而，随着生产设备日新月异，它逐渐演变成工团主义。既然铁路是头一个大企业，铁路工人自然率先改变；他们彻底成为劳工运动中最保守、最支持资本主义的阵线。所有其他产业的劳工也陆续跟进。接下来，社会主义的目标从“革命”变成“演化”、“改革”，到保护性的社会立法，到参与管理资本主义社会，到追求“产业民主”。最后，这个“联合阵线”就随着资产阶级一起演化。

但社会主义的吸引力，一开始并非以“为没有一技之长的劳工带来更好的谈判条件”的承诺为基础。它有如此强大的力量，甚至成为一种信条，都该归功于它“会带来新的社会秩序”及“建立平等”的承诺。失去这项前提，社会主义的信仰就会失去根据而崩溃。它变得必须仰赖资本主义的信条及秩序方能继续存在，俨然成为资本主义秩序的一部分——虽然它完全站在对立面。

在前资本主义和前工业化的殖民或封建国家，如前布尔什维克的俄国、西班牙、亚洲殖民地及拉丁美洲等地，马克思社会主义仍是信仰所系。这些地区的社会状况使无阶级社会看来可行；少数地主和企业家站在同一边，其他没有组织的、地位平等的无产阶级大众站在另一边——中间没有其他人。因此一般大众仍相信，只要消灭那群拥有一切的少数人，便可建立平等的无阶级社会。但两者之间缺乏中产阶级的原因，并不是社会已经完成资本主义发展的完整循环，而恰是因为资本主义根本还没开始。这就说明了社会主义革命为何会与所有马克思主义的信条截然相反，不但没有发生在欧洲高度工业化的国家，反而会在最落后的国家出现——如俄国，根本就没有可套用马克思主义规则的经济和社会实体。它也解释了为什么俄国革命会违背共产主义领袖的期望，没有立即引爆西欧和中欧的革命——照说那些才是该革命的地方。即便是能力最强的马克思主义领导人，也无法了解自己的形势。几乎整个 1917 年下半年和 1918 年初，列宁和托洛斯基都坚信，一旦俄国点燃引信，德国和奥地利的民众都会起身发动社会主义革命。他们信心满满，以至于冒着德国大军压境的风险，还迟迟不与德国进行谈判，甚至还坚持(托洛斯基至今还这么认为)社会主义革命在俄国发生只是偶然——几乎可算是错误，而在奥地利和德国的革命才是计划中、有必要且有意义的。

这也说明了为什么没有社会主义追随者，可以提出令自己或别人满意的说法，来解释俄国、西班牙、墨西哥或其他应该实施社会主义的前资本主义国家，在发生革命之后的发展情形。这个现象立刻显示出，是什么让社会主义的无阶级社会无法实现，就是享有不平等特权的中产阶级。革命成功后必然产生的工业化和社会化过程，必然导致中产阶级兴起，就像资本主义下的大公司也必然会出现中产阶级。所有企图为大众挣回原始平等权的努力(也就是发动革命的原因)，都不可能成功。革命真正的力量、真正的保障与真正的果实，都落在新的特权科层体制上，即使“所有人都应依其付出的工作量获得回报”的论点，曾短暂地在苏联的斯达汉诺夫运动(Stakhanovism)中，找到令人叹为观止的表现方法。

连苏联人自己也承认，社会主义革命在前资本主义国家(只有在这些国家，社会主义革命才有可能吸引群众)失败了，他们将实现自由的社会主义国家的日子“无限推延”。斯大林主义固然不等于社会主义，但它也不是像反共产主义者所坚称的，是源于某些邪恶的阴谋。只不过是因为，社会主义革命不可避免的结果，就是让社会主义无法实现。

这些占用了当代知识分子太多时间做无谓的讨论。事实上，这些事对中欧和西欧各工业国的发展没有任何影响，对美国的影响也微乎其微。早在俄国着手实验社会主义以前，各欧洲工业国便已不再相信社会主义能创造未来的秩序。当然，社会主义信仰瓦解的过程是缓慢而渐进的；如果要为它订出明确的完成日期，那就是第一次世界大战爆发之日。在那一天，我们看到国家民众与资本主义社会在利益与信仰方面的共识，强过国际劳工阶级的团结。从此，阶级斗争变成无意义、无建设性之举；社会主义已经收回它自称能建立无阶级社会和新秩序的诺言。而从那一天起，墨索里尼就不再是马克思的信徒了。在战后欧洲突然燎起几场微不足道的社会主义革命，不过是再次强调这个曾经深获大众青睐的信条，终将失效罢了。从1926年英国大罢工，到工党领袖麦克唐纳(Ramsay MacDonald)入主保守党政府，唯一一条代替性的道路是维也纳工人走过的：从1919年他们企图将奥地利经济社会主义化而不成，到1934年最后一次英雄式登场，为了打造自由平等的奥地利，他们牺牲生命，光荣永垂不朽——但终究是徒劳无功。

既然社会主义无法提供未来欧洲社会秩序的信念，民众只好回头相信目前的资本主义秩序，否则现代社会将顿失意义。连拥戴工团式社会主义(旧式革命性社会主义唯一的残骸)，也必须完全寄托于资本主义秩序的正当性和理性。

“资本主义气数已尽”这话似乎是老生常谈了。然而，为支持这句话而常常提出的论点：“资本主义是失败的经济制度”，不仅暴露了说话者对这套制度全然无知，更可能是谬误。拜这套经济制度之赐，不仅商品生产量愈来愈高，价格愈来愈低，工作时数更不断减少；由此看来，资本主义不但没有失败，更缔造了超乎想象的成功。从经济层面来看，资本主义的功绩实在没有理由不能名列于殖民国家工业化和农业工业化之前。

提到资本主义体制的未来经济潜力，亨利·福特(Henry Ford)——这位现代资本主义最重要的权威人士，具体阐明了大生产的垄断性资本主义最好及最不好的地方——无疑是正确的，而那些专挖资本主义坟墓的人错了。可是，福特和批判他的人一样都忽略了经济扩张和经济成长本身不是目标，而应该作为追求社会目的的方法才有意义。只要保证能达到这个目的，它们就十分令人向往。但万一事实证明其为虚幻，这个方法的价值就非常值得怀疑了。

作为一套社会秩序和教条，资本主义反映了这样的信念：在自由平等的社会中，经济成长可以造就个人的自由与平等。马克思主义认为，得先废除私有财产和利益才能实现自由平等的社会。资本主义则主张，要将私有财产及利益提升为社会行为的至高法则，才能创造自由平等的社会。“利益动机”当然不是资本主义发明的，也不足以作为马克思主义断言过去所有人类社会根本上都是资本主义社会的佐证，来证明贪求利益一直是个人行为的强烈动机。利益向来是激发个人行为的主要动机之一，未来也必定如此——不论生存在哪一种社会秩序下。不过，资本主义是头一个也是唯一对利益动机有正面评价，认为它能让理想的自由平等社会自动实现的信条。资本主义之前的所有信条都认为个人利益动机有害社会，顶多认为它不好不坏。之前的社会秩序刻意将个人经济活动限制在狭隘的范畴，以使它对与社会结构有关领域和活动的伤害减到最低。最好能视政治所需（而非与社会有关的因素）任意地施加限制或给予自由。若是要在利益动机上建立积极的社会价值，就必须彻底解放个人的经济活动。因此，资本主义必须让经济领域独立自主，也就是说，经济活动不能受到非经济活动的约束，甚至必须有更高的地位。所有社会能量都须集中起来追求经济目标，因为经济成长背负了实现“社会美满”的承诺。这就是资本主义；要是没有这种社会目标，它就没有意义、没有正当性，甚至没有存在的可能。

资本主义发展了一百五十到两百年，我们也到达物质经济舒适的高峰。也许因为这样，一听到“尽管我们全靠经济自由才能拥有这些成就，但它本身绝不是什么好东西”这句话，就会想加以嘲弄。但在饱受旧资本主义秩序戕害的人，在那些可怜的工匠、饥饿的农奴眼中，情况并非如此。对他们来说，经济自由只会带来恐惧，它要求他们放弃保障；就算只是悲惨、了无意义地保障他们不至于挨饿，也是他们唯一仅有的东西。经济自由不能给予他们任何经济上的承诺，只带来了不安。它夺走了他们小小的世袭土地、保护市场的关税，以及同业公会低到不能再低的价格，又叫他们以技能和智慧谋生。他们之所以接受这种自由，只因为相信它会带来最终社会和经济平等的保证。尽管如此，他们还是经常起身反抗自己已获得解放的事实。对于实行经济自由与经济领域的资本主义自治，有一条坚强的反对阵线。反对最力的一定是原本应该受惠最多的阶级，譬如：英国的勒德分子（Luddite）、爱尔兰农民的

“小麦暴动”（Corn revolts）、德国西里西亚亚麻织布工暴动，以及俄国农民在1906年斯托雷平（Stolypin）土地改革后的骚乱——那次土改以经济自由与经济发展之名，把俄国乡镇的公共农地改为个人保有地。在这些实例中，反对势力最后得以弭平（不论是用和平或武力的手段），都是因为资本主义提出了要建立平等的承诺。

可是，我们都知道这个承诺其实是假象。经济发展不会带来平等，甚至连“机会均等”的形式平等都没有。反之，它带来新的、强硬的、不平等的小资产阶级，人们很难从无产阶级变成中产阶级（至少在欧洲是如此），也很难从中产阶级跻身企业家之流。就算现代工业社会的阶级不是依法世袭，事实也差不多如此了。或许要在17世纪或18世纪的社会出人头地（只要从底层的纷乱群众中跨出第一步），还比起在20世纪的欧洲社会、从出生时的阶级往上爬一层来得容易。

但经济自由无法带来平等，这个事实摧毁了20世纪初欧洲人对资本主义社会制度的信仰——尽管它创造了物质之福。而且，信仰破灭的不只是无产阶级，还包括获得最多经济和社会利益的中产阶级。这显示出：受到不平等打击最重的低层中产阶级和高层的劳工阶级，是多么坚信“众多小单位之间的‘自由竞争’，是工业生产最有效率的方法”的谬论——尽管事实非常明显：整合性大生产才是最有效且最便宜的方法（虽然也是最不平等的一种）。大规模的大制造或许仍保有竞争的所有经济元素；但就社会的角度来看，它意味着完全的垄断。然而唯有透过“自由竞争”的信条（暗示“增进效率，就会增进机会平等及社会地位的平等”），资本主义的信仰才能维持。它一旦被驳倒，这些低层中产阶级便会对资本主义感到不耐，就像在中欧发生的一样。这种对平等的承诺有着至高无上的重要性，说明了低层中产阶级为什么要可怜兮兮努力地送孩子去念大学。他们在专业职业中（应该是在资本主义经济领域之外）看到了可让自己和孩子通往平等的管道，这种平等是他们在商业生活中永远无法企及的。当欧洲大学的毕业生了解到这原来是种幻象，他们也开始排斥资本主义了。但能证明这个社会承诺的重要性，以及对它的信仰遭到摧毁程度的最重要、最有力的证据，在于欧洲的劳工阶级愿意将马克思主义的“群众的贫困”(impoverishment of the masses)的理论视为真理。尽管这个理论是错的(不论对劳工纯粹的经济地位，或是对劳工地位及有产阶级地位之间的差异均是如此)，却完全无法动摇人们对它的信仰；事实上它正确与否也无关紧要。因为这个理论意味着：劳工应当觉得自己愈来愈不平等、愈来愈没有机会挣脱无产阶级的身份。更重要的是，劳工把这个正确的印象简化为一句话，断言：资本主义失败了。

要正确地指出对资本主义的信仰于何时被证伪，当然是不可能的。但是从亨利·福特让全世界知道“大生产是最便宜也最有效率的生产方式”的那天起，它就显出荒谬了。从那一刻起，经济过程便包含了更严重的不平等。然而，欧洲人对资本主义可为社会秩序的信仰，早在此之前就崩溃了。原因不外两点：第一点(或许是较不重要的一点)，19 世纪的经济帝国主义为中产阶级提供了海外的据点与不义之财。第二点(也是决定性的因素)，就是美国的存在。

资本主义及形式上的民主，早先之所以能在欧洲攻城略地，美国的影响固然不在话下，例如：《独立宣言》及美国宪法对于法国大革命的影响；杰斐逊式民主对于英国由辉格党转化为自由党，以及对不信奉英国国教者的善恶观念的影响；以及汉密尔顿对俾斯麦执政之德国的直接影响。但比起 19 世纪后半开始资本主义受到无形及间接的支持而言，上述的影响是小巫见大巫。对于那些很晚才意识到，希望藉由经济自由追求平等的梦想已经幻灭的欧洲大众来说，这个“有无限可能”的真平等、真自由、真民主国家的存在，证明他们的信念是正确的——即使理想在家乡已经破灭。这些穷送报生变成百万富翁、在小木屋长大的男孩当上总统的“成功故事”，成为欧洲人心目中的英雄事迹和传奇，甚至连美国大众都没欧洲人那么崇拜他们。即使是巴尔干半岛那些最孤陋寡闻甚至连郡县政府在哪里都不知道的农民，都听过美国的大名，知道它是个自由的国度，而且没有地主。于是美国成为欧洲资本主义的安全阀和现存的例证，其重要性鲜明地反映在 19 世纪移入美国的欧洲移民，在种族及地域上皆与过去不同的事实中——这亦步亦趋地紧跟着从西到东遍及欧洲的资本主义进程。第一批到美国来的是工业革命时期的英格兰和苏格兰人；接着，是从封建体制“解放”出来的爱尔兰人；再来是1848年平等主义幻梦破碎的德国人，以及北欧人、捷克人、意大利人、匈牙利人；在1880年俄国开始在西部各省实施工业化后，犹太人、波兰人、立陶宛人、芬兰人亦接踵而至；最后，衰落的土耳其帝国被“少壮派”(Young Turks)的民主及资本主义思维渗透的同时，地中海东部的民众也纷起效尤。他们全都到了美国，因为他们贫乏的保障已经以平等的名义遭到剥夺，接着又被资本主义的实际发展骗走了平等。他们全都到了美国，因为美国提供了实际的平等。

身为欧洲资本主义在意识形态上唯一的依靠，美国的重要性在世界大战爆发后立即到达顶点。接着，欧洲人抱持着实行美式政经制度就能获得平等的希望，让欧洲社会免于走上崩溃之路，就连战败国也是如此。虽然这个希望并未实现，但是美国在1920年代借了一大笔钱给欧洲，确实维持了欧洲的社会架构。因此，1929年，美国社会崩溃时，带给欧洲人对资本主义信仰的震撼，甚至胜过美国人本身。但美国作为平等之邦的魔力余威犹存，这反映在许多独裁者汲汲于把美国描绘成残暴阶级战争、屡屡压迫低阶层的国家；也反映在欧洲大众追随新政(New Deal)的殷切期盼上。然而到目前为止，欧洲资本主义信仰瓦解的速度太快，怎么样也无法阻止。事实证明不可能有错也不容置喙的是：资本主义是创造不出平等的。经济的成就、事业的繁荣及物质的进步，或许会在有限的时间内掩饰资本主义信条崩溃的程度；但这些都无法恢复资本主义的信条，甚至无法明显延缓后续的结果。

资本主义之所以被欧洲人视为伪神，是因为它在泾渭分明的阶级间，引起了阶级战争。而社会主义之所以归谬，则是因为事实证明它无法废除这些阶级。资本主义现实创造出的阶级社会，和资本主义的意识形态互不兼容，让其意识形态失去意义。相对地，马克思主义的阶级斗争虽然认清也解释了真实现状，但由于毫无前景可言，最后也不再具有意义。总之，这两套信条和秩序的失败，都是因为错误地假定：个人行使经济自由即会自动产生那些结果。

这场失败在经济领域产生了最直接的影响。它使政治生活的一切制度都失去意义，或是令人怀疑。但它最深刻的影响反映在所有社会据以建立的基本概念上：社会中的人所具有的本质、功能及地位。个人的经济自由不会自动造就平等，这个事实已经摧毁了资本主义和社会主义据以建立的有关人类本质的概念：经济人(Economic Man)。

每一个有组织的社会，都立基于一种概念，一种涵盖人的本质、社会功能与地位的概念。不论这个概念是不是人类本质的真实写照，都一定会真实反映出社会的本质，而社会也依此概念来辨识、鉴别自己。这个概念呈现出它认为社会中具决定性且最重要的人类活动范畴，并以之作为社会基本原则和基本信仰的象征。例如把人视为“经济人”的观念，是资产阶级资本主义社会和马克思社会主义社会的真实象征；这两种社会都认为，人类自由从事经济活动是实现社会目标的方法。似乎只有经济上的满足，才是对社会重要且有意义的事。人们工作是为了经济地位、经济特权和经济权利。为此，人们发动战争，不惜牺牲生命；而其他所有的似乎都只是伪善、势利或浪漫却没意义的东西罢了。

经济人的概念，在亚当·斯密(Adam Smith)及其学派的“经济人”(homo economicus)中首度化为文字出现。经济人是他们虚构的角色，奸诈狡猾、不择手段，永远都以最大经济利益作为他的行动依据，也总是知道该怎么做。这样的观念虽然可以用在教科书里，但若用来描写人类的真实本质，就太粗鄙、太夸张且滑稽了。连资产阶级资本主义也采纳马克思改良订正过的经济人版本：在此最后的分析中，经济人会倾向于依据“阶级利益”而行动，即使他无意这样做，或不知道自己已经这样做了。

经济人作为社会基础概念出现的表面征兆，就是经济学以科学的姿态出现。当经济人的概念被视为人的真实本质，经济科学的发展就不只是有可能而已，而是迫切且必要的了。

作为探究人类的社会行为及发明制度的社会科学或“道德”科学，经济学要被称为一种科学，前提必须是经济领域被认为是独立自主的(就算不是至高无上)，且经济目标也要比其他目标更值得期待。要不然，经济学就只能提供历史性或分类式的叙述或技术性的规则，以实现若干经济目的。但它无法提供有关经济因果的“法则”——这也是科学之所以为科学的标准。尽管在真正遵循经验法则的自然科学中，重要的是法则，但在所有社会科学中，例外才是决定性的因素，因为社会科学的基本特性是教条武断且非经验的。这一事实大大提高了经济科学对经济人概念的依赖程度。一位动物学家可以不去管一只兔子没在正常时间脱毛的异常行为，但古典经济学的科学体系，在亨利 · 福特天真地忽略了“垄断会减少生产、提高价格”的“经济法则”，着手用更低廉的价格和更大规模的生产来取得垄断权的同时，就整个崩溃了。

因此，实际的事态发展遵循经济科学法则的程度，总能可靠地指出经济领域被视为至高无上的程度，也象征了人们是否认为，以经济人为基础的社会真能站得住脚。乍看之下，经济科学的支配力从未像目前这般深远，经济人社会的信仰也从未这么强烈过。有愈来愈多的国家，将管理事务的重责大任交给训练有素的经济学家。经济学家要担任企业总管、政治领袖；要当讲师，也要担任电台的评论者。但这种表象是骗人的。我们孤注一掷，任命经济学家来拯救经济人的社会，就像 18 世纪任命哲学家(信奉理性主义、“获得启蒙”、受过历史专业训练的学者)挽救摇摇欲坠的君权。而正如 18 世纪的哲学王，20 世纪经济学家出身的首相也难逃失败的命运。

尽管专业的经济学家似乎拥有权力，实际的发展却以一个所有经济学家(不管彼此的差异性有多大)皆宣称“不可能”的过程进行着。我们被告知，金本位货币制度(gold standard)不可能被实际操作的人所扬弃。“双边贸易协议”之父沙赫特博士(Dr. Schacht)，其专业经济学家的名声则归功于他博学且决定性的阐述：这种协议根本不可能实行。过去二十年来，资本主义和社会主义经济学者一致认为俄国一定会在六个月内瓦解。在经济学家眼中，德国和美国根本“不可能”发生通货膨胀，如同现代物理学家和生物学家不相信基督教早期的神迹。而这点仅仅意味着，经济科学的学说已经无法符合社会现实了。

这并不是说经济学家的知识水平每况愈下，而是世人不再认为经济领域非要那么至高无上、独立自主不可；他们只相信事实。群众已经了解，自由经济活动不会也不可能建立自由平等的社会。因此，他们不愿再将经济行为视为“典型的”且值得社会向往的行为。他们拒绝接受那些只迎合经济目的、满足经济所需的体制。从经济学家的观点来看，这一切都是不可能的，他无法解释怎么会发生这种事。一旦忽略了这些经济法则不是技术法则，而是从物理学或地质学转译成经济语言的真实自然法则(如边际效用递减律)的事实，随之而来的经济损失可能会相当惨重。即便如此，大众还是愿意为经济损失付出代价。就算面临损失的威胁，欧洲大众的心意也不会改变，这表示在他们眼里，那些必须透过忽视经济法则才能达到的目的，比经济目的来得重要。对他们来说，经济不再是独立自主、至高无上、世间万物都必须臣服的领域。

如果马克思主义证明它无法带来自由平等的社会，经济人的社会就难逃崩解的命运。因为除了马克思主义之外，再也没有任何主张能够既赋予经济领域至高无上的地位，又相信自由和平等是社会的真正目标。而经济人或所有由经济人组成的社会，存在的唯一正当理由的基础，就是实现自由平等的承诺。

相信人皆自由及平等，是欧洲思想的精髓。这个基本概念从古希腊城邦及罗马帝国时代便已潜伏，说明了我们何以对这些年代产生亲切感，一种当代南美洲等地不会使我们产生的感觉。随着基督教兴盛，自由与平等成了欧洲的两大基本概念；它们就是欧洲的代名词。两千年来，欧洲所有制度和信条都源自基督教秩序，且都以自由平等为目标，也以“最后一定会实现自由平等”的承诺作为存在的正当理由。因此，欧洲历史其实就是一部人类将自由平等的概念，投射到社会存在现实上的历史。

欧洲人首先在心灵层面追求自由与平等的实现。基督教教义说，死后的世界人人平等，而且是依据此世的行为思想来决定彼世的命运(所以，此世不过是为死后的生命做准备)。18 世纪人士和马克思主义者声称，这可能只是当时教会用来控制群众的手段而已，但对 11 世纪或 13 世纪的人来说，基督教的这个诺言却是真实的；每座教堂的大门都刻有教宗、主教或国王在最后审判日遭到天谴的图像，这可不是叛逆石匠们的浪漫幻想，而是真实表现出从心灵层面寻求自由平等的历史纪元。当时以“灵性人”(Spiritual Man)的概念来看待及理解人类，而人在世界和社会中的地位，则被视为在灵性秩序中的地位。如此一来，神学成了一门“精确的科学”。

当这个灵性秩序崩溃后，自由与平等转而投射至智识层面。路德教派“人的命运取决于他如何运用自由与平等的思维来解释《圣经》”的教义，正是智性人(Intellectual Man)秩序最重要的变形——尽管不是唯一也不是最后一个。在智性人秩序瓦解后，人类转而在社会层面寻求自由与平等；结果，人先变为“政治人”，后来又成了“经济人”。所谓的自由变成社会自由与经济自由，平等也局限于社会平等与经济平等。人的本质就等于他在社会与经济秩序中所居地位的功能；在社会与经济秩序中，才能找到对人类存在的解释，以及存在的理由。

这种对于世界和社会的概念，在马克思主义中达到高潮。自由平等能在经济领域实现的信仰再次被提出，并建立于资本主义无法达成此目标的失败上。马克思认为阶级斗争就是实现无阶级社会的保证，因为它证明了，平等是不可能透过经济领域的和谐来达成的，民主制度除了形式以外一事无成(换言之，它是不平等的)，也“证明”世人对真正自由的社会有多么迫切的需要。群众的贫困(或说地位愈来愈不平等)，就成了获得平等和财富的媒介。纵观整个历史，就等于一部阶级斗争史，这证明了历史必会导向无阶级的社会。

马克思主义是欧洲有史以来所产生的最宏伟、最深奥的信条。只要资本主义秩序幸存于世，就是对马克思主义最锋利的批评。但马克思主义必须仰赖自由概念的辩证运用，而这几乎与放弃自由无异。马克思主义和资产阶级资本主义一样，也认为社会的最终目标是确立真正的自由。马克思主义之所以反对资本主义社会，是因为重视自由；然而为了证明人可以在社会主义国家得到自由，马克思不但必须否定人在资本主义下是自由的事实，甚至还得否认人有自由的能力。社会主义的承诺立基于经济法则的自动论(automatism)，但经济法则会剥夺人的自由意志，使人受特定阶级约束，也就是不自由。这跟加尔文主义一方面主张人有真正的自由、一方面又主张绝对宿命的矛盾一样，都是一种大胆的纯思辨神学(相对于经验神学)。的确，马克思主义和加尔文主义不管在思想上、意识形态上和历史功能上，都有显著的相似之处。

马克思主义能拥有极大信仰力量的原因，在于将自由附属于阶级之下。它为马克思主义带来必然性，确保它最终的成功及令人神往的优越智识。少了这个，如果我们还要相信“因为社会永远都在进行阶级斗争，所以无阶级社会一定会出现”或“最大的不平等终将带来真正的平等”，就显得荒唐可笑——即使在非“理性”年代也一样。但马克思主义的本质之所以如此执拗，也基于同样的理由。它的思维张力非常严密，只要碰触其中一块石头，整个雄伟的思想体系便有坍塌之虞。除非不再把自由当目标，或抛弃实现自由的承诺，否则马克思主义的内容丝毫不能更动。这说明了为什么人们一旦开始怀疑自由平等的社会主义社会不可能实现，对马克思主义的信任就会迅速瓦解。

欧洲人想要透过资本主义追求自由及平等的幻想，早在1848年就已破灭；但直到昨日，仍有少数人对它深信不疑。反过来说，在19世纪末叶之前，社会主义从来没有跻身主流信仰的地位。从德国工人首次赢得大选到落败，前后不到二十五年；1932年，虽然有半数国人在后撑腰，这个合法选出的内阁仍在毫无异议下被迫下台，将政权交予希特勒时代之前毫无力量的巴本政府(巴本并未得到军方、警方或其他任何有力人士的支持)。不到十二个月，他们又无可奈何地看着辛苦数十年好不容易得来的成就，在一夕之间化为乌有。

随着马克思主义信条丧失威信，任何主张经济活动至上和自主的社会，便失去正当性与合理性，因为自由和平等无法在这样的社会或透过这样的社会来实现。然而，在资本主义和社会主义的旧秩序崩解之后，新秩序却没有出现。没有一个关于人性的新概念蓄势待发准备取代“经济人”，就是这个时代独有的特征。没有新的人类活动范畴可让我们将自由平等投射其中。因此，在欧洲无法沿用旧观念来解释旧社会秩序的时候，也尚未取得或发展出新概念，以导引出有根据的新社会价值、建立新秩序的新理由，并说明人在新秩序中的地位。

随着“经济人”的没落，个人丧失了原本仰赖的社会秩序，世界也失去了理性的存在基础。他不能再将自身的存在诠释或理解成与他所在的世界有任何理性的关联或调和，也不能再取得自身存在与世界和社会现实之间的协调。个人在社会中的运作变得不理性、没有意义。人活在一部巨大的机器中，但与周遭一切疏离，既无法接受这部机器的目的和意义，也无法将之转化为自己的经验。社会不再是一个由许多个体基于共同目标而组成的公共团体，反变成一片漫无目的孤独流浪者的杂乱喧哗。

社会理性特质的瓦解，以及个人与社会间理性关系的崩溃，正是我们这个时代最具革命性的特征。在西方文化领域之外，非理性才是人类存在和人类社会中的常规；理性化就算真要运用，也会局限在非常狭小的范畴，如部落或家庭。但欧洲(也只有欧洲)却顺利挑战了整个宇宙的理性化。针对整个世界(人世和另一个世界)提出理性的解释，并为每个身处这个理性秩序的个体提供一个明确的空间(无论是在救赎的神圣计划，或人造的无阶级社会中)，已成了基督教最形而上的成就，让欧洲与其他地方迥然不同。在其他地方，恶魔的力量在理性秩序之外漫游；它们可以被召唤或安抚，但不能被理解，也不会发挥理性层面的影响；它们只遵循自己的规则。唯有欧洲可以驱逐它们、摧毁它们。当然，我们也有恶魔。只不过恶魔的力量是高度理性的；如果不把它们也视为世界的一部分，世界的意象就不可能被了解。连马克思主义都必须把资本主义者描绘成恶魔，虽然马克思本人一直努力想证明它们并不邪恶，只不过是公正经济力量的工具。与之相较，长着蹄、角和尾巴的撒旦，正是一场理性打败混乱的胜利。但是，一旦恶魔有能力在欧洲获得完全立足生活的权利，不论是希腊的森林女神或斯瓦希里的雨神，在我们的世界中都无立锥之地了。

欧洲在资本主义与马克思主义下的发展过程，并没有为日后基本理性濒临灭绝的时期做好准备。事实恰恰相反：在经济人的秩序中，世界的理性化被驱往一个地方，所有事物不只被视为理性实体来理解，还可以看作机械化的序列来计算。人寿保险把死亡这种人类存在最令人敬畏也最基本的事实(将人类存在理性化是所有形而上学最困难也最急迫的工作)转变成可以计算的甚至是机械化的东西，是这个年代最具象征性的发明。马克思主义的自由理论，虽然创造出不可计算且非机械化的人类个体，却势必会受到“阶级状况”的机械化法则，以及行为主义和精神分析学者的支配，后两者甚至用机械化的词汇来解释不计其数的潜意识反应，把世界的机械化带到高潮。它们几乎撑破了理性秩序。科学(理性秩序最值得骄傲的产物)已经踏出了坚决的第一步，朝自身理性基础的毁灭前进。不管机械论者否认因果关系，以及因果关系被机运取代是什么意思，都暗示了他们已经到达甚至超越了世界的机械化概念的限制。机械论者无法为其相信的因果法则找到新的理性替代品，同样，社会也尚未发现新的理性基础，来取代已随资本主义和马克思社会主义信仰崩解而消失的机械式理性化。

个体具有理性地位及功能的秩序到此宣告毁灭，必然也会使得传统价值观的秩序——理性价值观的理性秩序——失去效用。理性秩序的两大基础：自由和平等，对理性社会而言，的确是清晰而饶富意义的价值观。但是，对于身处在一个丧失理性意义之社会的彷徨孤独的个人来说，还有任何意义吗？他们会有什么样的反应？自我理性存在的毁灭，对他们又会产生什么样的影响？

第三章

恶魔再现

资本主义和社会主义的信仰彻底崩溃，这个事实在世界大战和经济大萧条之后更转化成个人的经验。这两大灾难颠覆了日常惯例，让人们不再相信现有的形式、机构及信条是不可改变的自然法则。社会表象下的真空突然全都暴露出来。欧洲大众第一次体认到，人在社会上生存，并非受理性、合理的力量支配，而是被盲目、荒谬、恶魔般的力量所主导。

所有为社会的机械及理性概念提供基础的主义，似乎已被现代战争全盘否定。并不是因为战争与机械化或理性无关，而是因为战争使机械化和理性化变得荒诞不稽。人类在机械及运用理性、策略和经济学的思考模式中，不过是许多非个人的单位；这些概念有了自发性的力量，它们完全超出被征服的个人的控制和理解之外，因此毫无理性可言。就人类经验而论，世界大战让每个人突然领略，自己原来是如此孤立、无助且软弱的原子，处在一个充斥非理性怪兽的世界。“人人自由平等”或“命运掌握在自己手中”等社会观念，都被证明只是幻想罢了。我们在评论有关世界大战的书籍时，会在有意无意中只用“书中有没有传达出这种体验”作为标准。我们不只没有能力判断，而且根本不在乎艺术方面的评价——只要书中流露出战争的孤立、原子化和虚无主义。海明威、雷马克(Erich Maria Remarque)和莎松(Anne Showstack Sassoon)能迅速获得大众回响，多少与此有关。战后唯一认为战争不但不可避免甚至是人类生命本质的一流作家，是德国的容格尔(Ernst Juenger)。非常值得注意的是，他不仅接受人类孤立和原子化的事实，更试着找出关于人的新观念：没有所谓个人的功能或正当性，甚至没有所谓的个人存在。

经济大萧条证明了，非理性和不可预料的力量也会支配和平时期的社会：人人都在壮年甚至还没开始工作前，就突然面临永久失业、被扔进工业废料堆里的威胁。在这种状况下，人们发现自己和面对机械战争时同样无助、孤立和原子化。人不知何时会丢掉工作，也不明白为何如此；不能起身反抗，甚至躲都躲不掉。就像战争一样，经济萧条的力量也把人类对自身存在的理性与机械化观念贬为无稽之谈，因为经济萧条才是人类理性和机械化社会最终的宿命。就像战争一样，经济萧条让人意识到自己原来是个没有知觉的齿轮，被装在自己也不了解的一部不停运转却没有知觉的机器中，随时会为机器以外的某种目的而停下来。

这些经历并非肇因于战争或经济萧条本身的特质，而是因为人们对社会基础所持的信念已经瓦解。人们无法再把个人理性的存在，和一个滋生战争与经济萧条的社会连结在一起。当然，现代战争一直被视为恐怖的恶魔，但它未必是非理性的、无意义的。对西班牙内战的双方来说，现代战争虽然可怕，却似乎是理性的。世界大战之所以显得无意义与混乱，完全是因为它暴露出社会秩序主要基础的虚幻面。否则，这场战争应该会有某些意义，反映些许理性的秩序。个人的牺牲不仅会大力促成这个秩序，更是其根本真理的最高证明，如投身法国大革命的士兵和 1813 年反抗拿破仑的普鲁士及奥地利义勇军，就被认为具有这种奉献的精神。

只要世人坚信世界大战是为了“让世界能安定地实践民主”而奋斗，它本身还是有意义的。人们相信只要打了胜仗，最后必能建立自由、进步、平等、繁荣的政体，奠定资本主义理性秩序的其他所有教义，于是纷纷跳入壕沟。美国以协约国的身份加入战局，为民主奋战，保住了协约国的胜利。然而，依照往例，美国如果真要参战，该对抗的应是英国这个破坏历来“海域自由”的国家。确信自己对抗的是自己的信念，也是德国人落败的主因。这个想法不但让奥地利几乎在开战前就溃不成军，也直接导致德国人民政府辞职下台，因为他们在道德上没有办法发动对抗民主信仰的战争——尽管他们从祖国历史得知，现代战争唯有听从百姓指挥方能得胜，仍不得不将实权让给军方。直接的后果就是军方和苏联签下铸成大错的《布雷斯特和约》（Peace of Brest-Litovsk），迫使一百五十万德军驻守东线。当时，若将大军留在西线，德奥联军有机会在美援到达之前横扫西欧，至少也能避免全军覆没。德国人民领袖早就看清一切，但假使他们要求苏联尽快签订合理的和约，就等于承认了民主和社会主义的理想——那可是德国的大敌。德国人民相当清楚这个局势，从所有重要的政治思想家（渥特·拉特瑙等自由派，及莫勒·布鲁克和容格尔等极端民族主义派）竟然有一致的看法，就可证明这一点。他们都认为德国不可能获胜，否则就是“颠覆历史”。而美国总统威尔逊提出的“十四点和平原则”（Fourteen Points）受到双方阵营热烈欢迎，更显示出人们有多相信这场战争能符合理性、值得向往的目的。

迄今仍有许多人相信，要不是愚蠢的《凡尔赛和约》、法国霸权在欧洲余波荡漾，或是美国始终未加入国际联盟，说不定《布雷斯特和约》已经实现了世界大战奋斗的原则。其实，单靠美国的动作，尚不足以彻底影响战后欧洲的发展。和平条约和战后几年也不可能有太大的不同。世界大战必须要以民主、自由、国际经济合作、民族自觉或其他自由资本主义教义的名义进行，但说穿了它不过是场帝国主义霸权的斗争；除非签订不平等条约或全盘否定自由平等社会的原则，否则帝国主义霸权永无终止之日。

工业社会的现实也是不平等的。战争所奋斗的理想之所以无法实现，最直接的原因就是经济人社会的理想与概念，与它被战争暴露出来的实际架构间，出现根本、彻底的分裂。单是这种歧异就足以摧毁我们对民主的信念。一些新的词汇，如“穷国”（have-not）对抗“富国”（have）这类常被用来将阶级斗争意识形态投射到国际关系上的用语，不但全然否定了资产阶级自由主义强调的平等，同时也否定了马克思主义主张的“阶级的国际团结”。《凡尔赛和约》将民主理念和领土秩序混为一谈，也充分显露出这种歧异。于是事实发展成：一方面，不放弃民主就不可能改变边界；另一方面，从捷克斯洛伐克的例子即可看出，群众已不愿为民主而战，因为那意味着为《凡尔赛和约》而战。

经济萧条的非理性，更肇因于我们信仰的改变。1929 年以前，人们认为经济萧条不只是理性的甚至是值得向往的——至少是必要的。无论从资本主义的经济调和或马克思主义的自动论来看，经济萧条造成的牺牲与痛苦是提升经济、实现经济人自由平等社会所必须付出的代价。失业和穷困、低薪和破产，都是提振经济、改善社会体的“自然药方”。这个观念让 1830 年代及 1873 年两次大萧条不仅看来可以忍受，也是理性、合理而有益的——虽然就像经济学家及政治家不厌其烦指出的，这两次大萧条都比 1929 年的经济大萧条来得严重。

经济大萧条刚开始时，相信经济周期会自动循环的传统观念仍深植人心。一旦惯例被这场危机打破，这个观念几乎一夕之间就在欧洲各国消失。这意味着人们不愿再为经济发展牺牲自我，不认为经济发展该付出如此惨重的代价。在他们眼中，经济发展不再是达到至高目标的至高方法。凯恩斯、厄文·费雪（Irving Fisher）及马杰·道格拉斯（Major Douglas）等人有关经济周期的金融理论，都否定了经济萧条的必要性及正面成效，否认经济萧条是理性秩序的理性部分。值得注意的是，这些理论在 1920 年代晚期之前仍未被世人广泛接纳，甚至未广为人知；但随后却如野火燎原，占据了群众和领导人的想象空间。

对一般人来说，战争和经济萧条的非理性，究竟是肇因于其特性的改变，或是人自我信仰的转变，根本无关紧要。个人才不在乎支配社会的力量是否失去理性，也不在乎是否因为自己对社会的理性观念荡然无存，才使得这些力量无法用理性解释或失去理性的作用。世界失序、变得没有规则可循，才是一般人重视的事情。过去一百年来，经济学家为找出经济周期成因所付出的努力已告失败。顶尖的经济学家都明白，除了针对前一次经济萧条进行了解，其他的事情他们也无能为力。而战争中人人都是输家的道理，更是老生常谈。但个人对证明世界没有改变的历史“实证”不感兴趣。他想弄清楚的只有一件事：世人企图以机械化的理性秩序建构宇宙、用预测性和逻辑性的因果关系了解生与死的努力，已经导致恶魔再现。恶魔，才是真正掌握世人命运的力量。

这些新恶魔(毒气和空投炸弹、永久性失业，还有“四十岁太老了”的观念)比旧恶魔更可怕，因为他们是人造的。旧恶魔是自然的，顶多化为地震或暴风雨，而新恶魔不仅同样无法避免，而且是不自然的。只有人可以释放他们，而一旦他们松了绑，就无法再加以控制，他们可不像古代的部落神祇，或《一千零一夜》中的精灵，还可以用魔法、祈祷或奉献加以安抚。这些新恶魔比旧恶魔令人难以消受多了。克尔恺郭尔，陀思妥耶夫斯基，一名离群索居、意识清醒、选择孤独的诗人或哲学家，也许可以毫不畏缩地直视这些恶魔而保持神志清醒；而凡夫俗子就无法承受理性化和机械化创造出的盲目、不可预测及无理可循的力量，造成彻底的原子化、虚无化以及无意义，也摧毁了所有秩序、所有社会及所有理性个体的存在。

如何驱逐这些新恶魔，俨然成为欧洲社会最重要的目标。人们第一个反应是试着进一步研发并改良传统资本主义-社会主义原则的路线。在德国纳粹主义出现前的整个战后欧洲史(以及在《慕尼黑协定》之前的西方民主史)，均试图以此方式恢复社会及个人的理性与神智，而结局徒劳无功、令人心碎。从威尔逊总统的十四点原则到安东尼·艾登(Anthony Eden)集体安全构想的瓦解；从国际联盟起草到日内瓦裁军会议的失败，欧洲民众始终希望奇迹发生，让战争永远从民主社会消失。如果单靠善意、诚意和草拟法律就可禁止战争发生，我们早就成功了。战后相关人士试图利用国际联盟、集体安全及集体裁军等方法废止战争，全都难逃失败。民主制度相信，社会中利益冲突的各方终会达成和谐，但将这种信念投射到国际领域，反而引发了“国际”阶级战争。结果证明，维持和平只是某些团体用来维持政权的幌子。集体安全与《凡尔赛和约》后的区域形势之间的关联，就像该和约本身一样，只是邪恶密谋或短视愚行的决议而已；但这是不可避免的。另外，许多明显的矛盾，如著名的国联公约(League covenant)第十九条规定，只要是出于自愿牺牲，各国领土可以进行调整，还可以为了确保主权而扩充军备等，均非偶然或伪善之举。为了废止战争以拯救社会，这些矛盾不得不存在。列宁深知这一点，因此他也表现出矛盾的态度，一方面谴责战争是资本主义帝国的工具，同时也谴责国际联盟和集体安全，认为它们是保护资本主义政权免受战争革命性影响的手段。共产主义者后来扬弃了这个立场，摇身一变成为集体安全最积极的倡导者，此举不但表明社会主义多少已经放弃成为未来的革命秩序，也显示出国际阶级战争和国内阶级战争一样，都无法促进自由与平等。

每个试图藉由禁止暴力来维持人为社会的精密司法系统，最终都会在合法的持续性中挑起更暴力的革命性骤变。同样地，为了维持社会而禁止战争的做法不仅徒劳无功，更平添战争的迫切性，让每一个地区性的争执都可能燃成蔓延世界的战火。由安东尼·艾登主导之集体安全策略的结果，就是最显著的例证。这个“扬言发动战争就能防止真正的冲突”的策略，本身就是一种矛盾。这个策略每次面临考验关头(反对意大利侵略埃塞俄比亚、反对德国进犯奥地利及捷克斯洛伐克)，都很快遭到扬弃，因为很明显，这种防止地区暴乱的做法，到头来可能需要大规模的世界性暴乱才能“终止战争”。值得重视的是，这个策略一方面促成丘吉尔出现，另一方面催生了“不惜代价维持和平”的政策。这两者为了拯救自由平等的民主社会，都放弃了废除战争的尝试。

丘吉尔可说是英国甚至欧洲唯一的政治家，他对社会的观念(仿如18世纪的观念)并非建立在自由及平等之上。他从不理解为什么非禁止战争不可；他向来鼓吹预防性的战争及整军建武，也认为国际联盟不过是帝国主义霸权的工具。另一方面，“不惜代价维持和平”的一派则准备好要牺牲民主来驱逐战争的恶魔。在双方看来，藉由立法禁止战争来维护民主社会的做法，就像在拿破仑战争后透过“神圣同盟”来维持封建社会一样可笑——前者是因为社会似乎没有维持的价值，后者是因为社会维持不下去。双方都认为，国际联盟并非立基于对自由和平最深切、最诚挚的渴望，而是个伪善的组织。

藉由消弭经济萧条来拯救工业体系的努力，比废止战争的企图更明确地显示出我们想要驱逐的邪恶力量。我们不断寻找一个可以瞬间化混乱为秩序的公式、密语或简单的机制。这份努力让大家深信有条神奇的快捷方式可以通往乌托邦；与之相较，过去人类对奇迹天真的轻信，还显得更有眼光、更合乎推理。今天我们已经确信，过去那些自称找到仙石的炼金师，都是些江湖术士；而所有被骗的王子、哲学家和学者，都是目不识丁的乡下人。同样，今天那些坚信只要找到正确的金价计算公式，或加快货币流通速率就能解决问题的人，也可能会被未来的人嘲笑是傻蛋或无赖。这种类似于等待奇迹的期盼还激荡出这种理论：只要消灭商品或减少生产，或是换个方式分配现有财产，就可以创造或增加财富。以上每一项建议或信念不仅受到人们认真且诚挚地看待，甚至还出自一种可悲的“理性”尝试：寻找一个方法，让所有非理性且混乱的机制回复原本设定的用途。

今日的财经怪客相信自由和自由的权利，于是企图用魔法仪式驱逐所有为害自由理性社会的恶魔。这种万灵丹在美国蔚为风行，它清楚显示出：美国人对自由的崇尚与信任，比别的地方来得坚定、真挚。不过，在这位真心的怪客或那些为了走出死胡同而追随他的信众身上，并没有反映出任何奇迹，这使得我们再也不可能藉由发展或改良传统的经济人秩序，来驱走这些恶魔。

欧洲人慢慢了解，藉由废止这种由前提必然演变的结果（如经济成长之后会带来萧条）来维持社会的做法，本身就存在着矛盾。随着法国“人民阵线”实验失败，这项认知愈发普遍。此后，大众便在自觉或潜意识中了解，他们必须在放弃传统社会和放弃驱逐恶魔的行动之间选择其一。在经济大萧条的诸多受害者之间（如 1932 年的德国就非常明显）蔓延着一种难以言喻的感觉：经济复苏不见得好，整个体系崩溃了不见得坏；这种对经济上的感觉，与丘吉尔的国际事务政策正好相互辉映。而“不惜代价维持和平”的策略也有堪与比拟的信念：在下一次经济萧条来临时，必须不计任何经济成本及后果阻止失业状况发生。

正如张伯伦压倒丘吉尔一样——就算放弃一切也要驱逐经济恶魔的观念，主宰了经济领域。大众无法忍受一个由恶魔统治的世界。在欧洲的每个角落，经济人社会的信念和原则只有一个评断标准：是有召唤恶魔的危险，还是有阻挡或驱逐恶魔的希望。众人纷纷一意追求这个至高无上的目标而不在乎其他，这种倾向，颠覆了我们向来认为经济成长值得向往的态度。

早期殖民者对欧洲文明得天独厚的说法产生怀疑，就是反抗经济成长的第一个迹象。这个怀疑早在经济萧条及世界大战之前就出现了，但直到战后才真正阻碍了欧洲的经济成长。它妨碍了本该随战争而至(不但合乎逻辑，甚至难以避免)的经济成就：工业及资本主义进入巴尔干半岛。因为东南欧已经被大战拉进民主的轨道；它的人民已经以自由平等之名解放了。此外，这是欧洲唯一看起来能让工业迅速发展，也极需工业迅速发展的未开发市场。在一片前景看好、重金投资声中，巴尔干的经济发展，却因所有社会阶级群起抵制而一败涂地。这是经济成长失去昔日价值地位的第一个迹象。不仅巴尔干人未成为“欧洲人”，连许多传统欧洲地区，如波兰西部、奥地利、匈牙利、斯洛伐克这些在战前把经济成长及民主制度视为无上珍品的国家，不仅跟着“巴尔干化”，社会也分崩离析。

人民不再信任经济成长，还有另一个同样重要的例证：对工业革命进入农业的抵制。直到最近，资本主义经济只碰触到农业的外围部分。农业被拉入工业轨道的深度，刚好让它受到自由资本企业规则的折磨。但是农业本身并未接受这些规则。它为工业提供了扩张的基础，也承担了大部分必要的牺牲，却分不到任何好处。农业还停留在1815年以前的手工艺和制造业的情况。它已广为机械化，但还未工业化——如果我们了解工业化不只是引进合理的成本概念及机器生产，而是整个产品结构的改变：从简单但昂贵而稀有的产品，变成复杂、高级、大量制造而便宜的产品。我们目前在农地上种植的大抵仍是我们两百年前种的作物，用途大致相同，就连种植过程也相去不远。

然而，已有明确的迹象显示，工业方法即将入侵农业。刻意运用工业的分工方式及工厂组织的“集体农业”(collective farming)是其中之一。改变整个农业本质的“无耕地农业”(soilless farming)是第二种。第三种则是寻找新农产品以供应工业所需的原料。如果农业方面的工业革命增添了动力，我们将可体验到农产品量与质的快速扩张，对农产品及人力的需求也会迅速成长。而如果这种成长循着资本主义路线前进，我们可以期待资本主义在往后一百年仍会不断进步。但是，各国政府非但不欢迎这个荣景，反而竭尽所能保护农人，不让他们卷入这个发展。今天再明显不过的是，农业的进步不会让农业人口从此自由平等，而会造成如同在工业中盛行的不平等。经济成长若没有以自由为前提，就不是幸事了。失去这个前提，严重经济错位的威胁，就会变成十足的祸害。

过去几年间，我们从抵制某些领域的经济成长，变成全盘排斥成长，最后甚至连对成长之神的应酬话都不说了。反之，加强防范(防范经济萧条、防范失业、防范经济成长)成了普世的最高目标。如果经济成长会对这些防范工作构成妨害，就必须抛弃。如果再发生一次经济萧条，尽管阻碍经济成长、招致经济衰退、让穷困持续，欧洲国家仍会愿意实行或许可以驱逐恶魔，至少减轻杀伤力的方法。

这种不再优先考虑旧信仰、旧机制的态度，也出现在民主制度上。民主制度过去的目标和成就，包括保护反对的少数，透过对等、自由的讨论与协商来说明议题等，对驱逐恶魔的新任务可说毫无帮助。因此，过去设计来实现这些目标的机制，就变得毫无意义且虚幻。它们称不上好也称不上坏，只是在一般人的眼中变得完全不重要，也难以理解。一般人无法了解，女人的选举权、参政权竟然在二十年前才成为政治议题；乐观主义者也许会欺骗自己去相信这种冷漠只是“技术性失误”所致。英国把比例代表制(proportional representation)宣传成万灵丹，和希特勒执政前的德国宣扬废除比例代表制的手法如出一辙。但日趋萎缩的民主真义无法用机械化的公式挽救，无论它是深根于传统，或是出于人们长久以来的良知——认定它是众人奋斗且经历的目标，民主对人的情感仍有相当强烈的吸引力。一旦遇上必须以放弃民主作为代价，方能驱逐恶魔的现实，这种吸引力立刻消失无踪。

最后，自由的观念也遭贬抑，价值大不如前。因为事实证明，经济自由不会造就平等。经济自由的本质(也就是依据个人最大的经济利益来采取行动)，已经失去了过去曾有的社会价值。不管优先考虑个人经济利益是不是人真正的天性，因为无法促进平等，大众已不再认为经济行为本身对社会有益。因此，如果有可能稍微远离失业威胁、经济萧条危机和亏本的风险，人们是可以接受甚至十分乐意削减或放弃经济自由的。

尽管我们极力否认过去，但我们始终无法找到一个人类活动的新领域，让世人认为它不仅极度重要、独立自主，又可以在其中追求实现自由的理想。我们尚未创造出任何人类的新概念，能为非经济领域中的反应及利益，提供表达人类真实天性的独特性；为新的非经济领域中的自由，提供自由的真谛。我们无法将经济报酬及经济满足替换成非经济的报酬及满足，作为行使自由的最高目标。因此，无论留在经济领域外的是什么样的自由，它还是有完成经济目的的倾向，至少也会被这样诠释。如果我们决定必须放弃或削减可能会招来恶魔的经济自由，我们很快会感觉到，所有的自由都有释放恶魔力量的危险。于是，一切的自由都不再独立自主，也不再至高无上了。有些正统经济学家将货币限额(currency restrictions)及劳资谈判视为通往独裁不归路的第一步，他们可不如乍看下那么荒谬。然而，尽管他们是正确的，仍无法降低货币限额或劳资谈判的必要性。这只显示出，在一个由恶魔力量统治的世界，自由，是不可能永远真实且站得住脚的。

如果放弃自由就可以重建世界的理性秩序，大众已经做好了放弃的准备；如果自由和平等不兼容，他们会放弃自由；如果自由和安全无法共存，他们会选择安全。既然获得自由对驱逐恶魔毫无帮助，那么，要不要自由就成了次要问题。既然“自由”社会是受恶魔威胁的社会，那么，把问题归咎于自由、认为只要放弃自由就能走出绝望，就似乎相当有理。

然而，欧洲抛弃自由的方式却非常怪异。即使在纳粹德国，自由也没有被指责为抽象概念。相反，真正的自由愈少，就有愈多人谈论“新自由”。但这个新自由只不过是个名词，涵盖了过去欧洲人理解自由时的矛盾。

综观欧洲史，自由归根结底都是个人的权利。选择善恶的自由、道德观念的自由、宗教信仰的自由、政治自由，以及经济自由——它们除了作为对抗多数及组织社会的个人自由外，别无意义。我们可以藉由给予个人在社会中的权利来实现这种自由，那就是中古时代的集体主义（collectivism）。或者在社会之外也可找到这些权利，即现代社会的个人主义。但是自由向来是少数人的权利。自由，就定义来说，必然是让个人或少数人在不违法的情况下，有用不同方式表现自己的权利。在不自由的社会，异议人士是罪犯；在自由社会，“陛下的反对者”（His Majesty's opposition，好一个完美表达政治自由概念的词汇）不仅是社会中必要且有益的部分，更是未来的管理者。

然而，在欧洲大肆宣扬的新自由，却是多数对抗个人的权利。它在签订《慕尼黑协定》时被国际采纳，而将德国人勉强占多数的土地拱手献给德国，这些地区中的少数捷克人（即使占总人口百分之四十九点九），其所有的权利和自由都被剥夺。但多数者收到的权利不是自由，而是放纵。“朕即国家”（L'état c'est moi，路易十四的名言）不是自由的宣言。因为17世纪的法国，国王是最强大的社会单位，他在打败贵族、平民、新教徒异议分子和议会的封建自由权利之后，这句表示自己拥有无限权力的声明，无非是宣告了无限制的放纵。然而路易十四从未在废止自由的同时，装腔作势地颁布自由。反观法西斯主义，它宣称成功地发现了真自由的奥秘——竟在于废除自由一切可能的实质内涵。

从欧洲废除资本主义及社会主义秩序等其他信念内涵的方式中，也可以看到类似怪异之处。自由经济企业、将营利动机视为社会建构力的观念，以及经济成长的自主等，都必须抛弃，因为大众已经认定，是它们唤来了经济萧条的恶魔力量。然而表面的工厂管理、筹措资金、制定价格、计算、会计、制造和配销方式都必须加以保留。这才叫“真正的资本主义”或“真正的社会主义”。而在政治领域中，个人政治自由、社会弱势族群（即少数族群）的权利，以及对“普遍意志”（Volonté générale）的智慧、人民主权和代议原则的信仰，全都失去了正当性而遭到扬弃。然而民主的表面形式（虚有其表的人民授权，透过投票表达人民意见或意志的方式，以及每位投票者表面上的平等）仍被保留。希特勒和墨索里尼都宣称自己实现了“真正的民主”，因为他们的政府表达了百分之九十九人民的心愿。但两人也公然卸下人人有投票自由的伪装——他们规定，投票反对他们是违法之举。不管怎么说，两人都声称自己不是人民委托，而是上天授权统治的。

这是我们这个时代最重要也史无前例的特色。表面的口号和形式被当成空壳留下，整个结构则必须抛弃。工业秩序的意涵愈是令大众难以忍受，外在形式就愈有必要保留。

这个矛盾就是真正促成法西斯主义的因素。法西斯主义源自这个时代的基本体验：缺乏新信条及新秩序。旧秩序不再具有正当性及真实性，于是它建构的世界就变得无理性、如恶魔般邪恶。然而，世界尚未出现建构新信仰基础的新秩序，让我们能依循、发展出新形式与机制来组织社会实体，达到新的最高目标。我们无法维持旧秩序的内涵，因为它带来令大众无法忍耐的精神混乱；但我们也不能抛弃旧形式与旧机制，因为这么做也会造成社会和经济的混乱，同样令人难以忍受。找出一个能赋予新内涵、传达新理性，同时也能尽量维持旧的外在形式的方法，不但是绝望大众的迫切需要，也是法西斯主义要实现的任务。

这个任务的本质说明了加诸“合法性”与“合法的持续性”上的压力；这压力已经迷惑了众多观察人士，也是法西斯主义运动的革命性特质无法为世人了解的原因。根据所有的历史经验，革命之荣耀在于打破旧外观并创造新形式、新机制及新口号。但是，如同敏锐的观察人士始终（甚至在革命进行的同时）注意到的，社会实质内涵改变得十分缓慢，甚至经常丝毫未变。在法西斯主义中，旧秩序的内涵被无情摧毁，但最肤浅的旧形式却被小心翼翼地保存。过去从未有任何革命会在废除兴登堡总统共和政体的同时，还保留了他德国总统的地位。这种颠覆历史规则的现象是法西斯主义不可避免的部分，它必须在摧毁内涵的同时，把形式保留下来。

法西斯主义反对一切自由、废除一切自由，同样必定是其任务造成的。由于促成法西斯主义的原因在于人类活动缺乏能让自由投射其中的新范畴，因此，法西斯要赋予社会新内涵，也必须是一个不自由社会的不自由内涵。一切自由看来均极不利于这个不自由的新目标，而这个目标必须仰赖彻底强制与完全屈从才能达成。因此，法西斯主义先天上就必须反对所有欧洲信仰的教义、概念和条文——因为它们全都立基于自由的概念上。当欧洲过去空洞表面的形式、口号与装饰愈难保存时，法西斯主义本身的信条就必须愈负面。

最后，法西斯主义的本质说明了它必须敌视理性、反对信仰的原因。只有奇迹发生，它才可能完成它的任务。要同时维持会唤来恶魔的外在形式，又要提出一种能将同一批恶魔驱逐或理性化的新内涵，这是理性无法解释的矛盾。但这一定要解决，因为大众无法忍受毫无理性的绝望，正如他们无法忍受社会混乱的绝望。他们必须把希望寄托在奇迹上。在他们深沉的绝望中，理性是不可信的，真理是虚妄的，所以谎言一定是真实的。于是“贵的面包价格”、“便宜的面包价格”和“不变的面包价格”全都无法说服群众。唯一的希望寄托在不属于以上三者的价格上，寄托在没人见过且证明理性证据是虚假的价格上。

正是因为违反理性且毫无例外地否定过去的一切，大众才纷纷拥向法西斯及纳粹主义、投入墨索里尼和希特勒的怀抱。魔术师之所以是魔术师，是因为他凌驾所有理性惯例、颠覆一切逻辑法则，以超自然的手法做出超自然的事。而欧洲大众就需要一位魔术师来创造强大的奇迹，平息他们因世界再次被恶魔攻陷而产生的难耐恐惧。

第四章

基督教教会的落败

教会和宗教的力量，理应是主导现代社会分析的要素。因为教会是唯一一种独立的社会团体，既受到各阶层民众一致拥戴，又非立基于报酬、地位和差异性等利益结构。

或许有人不认同教会的重要性而与之抗衡；或许有人希望它能增加影响力，并以此为职志。但一旦群众经历了曾于资本主义、马克思社会主义盛行时的社会经济概念的崩溃，宗教和教会理应注定来填补这个真空才是。至少在下一个有关社会和人类本质的新概念，根据自由平等所投射的基础演化至新领域之前，宗教和教会该临时补上这个缺才对。许多人（绝不只限于永远怀抱希望的教区杂志编辑）都期待基督教的复兴。

这些期望大多基于个人身处社会真空时的形而上需求。群众的绝望固然源自于对世界丧失意义的恐惧，但基督教和教会不仅说自己灵活、便利，可以搭起连接两个时代的桥梁，还自称可以持续抵抗经济人概念，并准确预言它的崩解，依此准备了一套积极的新社会内涵。

世界大战前一百年的历史，通常被视为资产阶级资本主义，及其连体婴兼反对者——马克思社会主义——的成长发展史。但这也可以被诠释成基督教对社会的机械化与经济概念产生批判声浪的历史，更是一段教会日益了解这种概念注定失败，及为何失败的历史。

最近有几位天主教的史学家企图以此观点重写德国的 19 世纪史。他们理直气壮地举出：马克思、达尔文、赫伯特·斯宾塞等机械论概念巅峰时期的代表人物，其思想其实源于 18 世纪；而 19 世纪本身的创造力，则是由于基督教反对此概念而产生。当然，这样的史观违背了经济与社会领域的实际发展；但一般的唯物主义方法，更是违反了智识与精神的发展。而历史的恰当主题，究竟是由明日智识、精神的先锋，还是由昨日经济、社会发展的结果构成，仍是未决的问题。

暂且抛开这些猜测，可以肯定的是，早在19世纪初，基督教教会就充满魄力且正确地指出，社会的机械化概念必以失败收场。法国波旁王朝复辟时期的天主教思想家，如：波纳德(Louis de Bonald)、梅斯特(Joseph de Maistre)、拉梅内(Félicité de Lamennais)和德国浪漫主义运动的倡导者巴德尔(Franz von Baader)、史雷格(Friedrich Schlegel)和格雷斯(Joseph von Görres)，首先提出资本主义必将掀起阶级斗争而致自我毁灭。而1830年代和1840年代的德国基督教保守主义者，如弗朗茨(Constantin Frantz)、拉多维兹(Joseph Maria von Radowitz)、史塔尔(Friedrich Julius Stahl)等，则已预见阶级战争毫无效果，只会导致更大的不平等和绝望。不久后，西班牙的科尔特斯(Donoso Cortes)也指出，这股趋势终将使文明自我毁灭在无意义的战争和无意义的经济萧条中。

在精神方面，宗教思想的几大主流(如牛津运动、红衣主教纽曼或克尔恺郭尔)都是因为认知到欧洲社会基础必将瓦解而兴起。他们看到了这个危机；他们知道，身为基督徒，他们必须反抗当时的这个基本观念，因此他们起身与自满的官方教会对抗。结果他们顺利唤醒了教会，证明同教会中的有识之士也有同样的顾虑。甚至在形式民主的政治领域中，虽然社会的机械论观念十分严密，异议者几乎没有空间，但“基督教”政党依然崛起。激发基督教政党的动力(至少有一部分)来自于对机械化末路的先见之明，以及阻止这个趋势的欲望。

19世纪讨论这些教会内部运动的自由派和社会主义作家，皆传达出宗教只会“阻碍进步之路”的信念。没错，教会通常站在封建主义和君主政体这一边，因为封建主义和君主政体同样也反对机械论、反对资本家、反对社会主义。但上述那些教会内的新势力，其反封建、反君主的程度，甚至远远超过资本主义和社会主义。他们着重于发展非机械化的原则，以便在资本主义和社会主义的实质内涵瓦解后，为其结构增添持续力和抵抗力。维多利亚女王和霍亨索伦王朝时期的教皇、主教和上流宫廷内的牧师，以及教科书和政党纲领的御用作者，或许都未察觉到这点。他们可能相信，所有的麻烦都源自资本家的“贪念”、劳工阶级缺乏信仰，以及共济会会员的“无神论”。他们可能也担心公众教育是危险的、火灾险有违神圣的天意，及预防接种“有损上帝的形象”。换言之，他们可能沾染了所有那个年代和那个阶级的愚蠢、怯懦、有偏见又不道德的恶质。

但这些达官贵人不比一般显要更具实力。他们浑然未觉，教会内部正发展出种种运动，朝全然不同的方向前进。这些运动是在为未来的某天做准备——在社会内涵崩溃后，社会结构必须被赋予全新的基础和意义。这股力量不对抗经济和社会的发展，也不向往旧日荣景，反而接受社会现状为既定事实。他们为自己设定的任务，是将工业社会结构融入非机械化的秩序中，而非将历史巨轮转回民主和资本主义发展前的制度。而这个任务也主宰着世界大战前一百年的宗教生活和宗教活动，就算把教会所有反动的压力集合起来，也难以压制或真正阻碍这股趋势。法国的拉梅内和德国的道林格尔因被怀疑为“自由主义者”而被逐出罗马教会。纽曼直到死后才被接受。伊丽莎白·弗莱(Elisabeth Fry)被视为“激进分子”而进不了上流的英国国教社会，金斯利(Charles Kingsley)和莫利斯(Frederick Denison Maurice)也一样。但拉梅内的思想仍留在教会中，造就了后来的托克维尔(Alexis de Tocqueville)；道林格尔的学说成为德国天主教工会的基础——民主德国最后一任也是最杰出的总理布列宁博士就出身于德国天主教工会；英国的基尔特社会主义者(Guild Socialist)则在英国教会内继续金斯利的工作。

这些基督徒成功地提出了非机械论的新社会基础，证明众人普遍认为宗教在我们这个时代毫无效用的看法是错的。其实，让大众生活还堪忍受的大多数当代社会机构，都起源于这些宗教力量，因为它们并非只建立在已然崩解的经济人概念上。英格兰的“非国教主义者的良知”(Nonconformist conscience)是第一个反对将劳工视为商品的组织。第一家限制妇女及儿童工时的工厂，是由以沙夫茨伯里勋爵为主导、遭自由主义者抨击为“最可恶的反动”的基督教复兴会发起的。社会保险则是由一个真诚的福音派运动在德国发展起来的；其明确的目的是藉由提供劳工在工业机器的机械论下的安全保障，以赋予他们全新的社会地位；这个目的受到雇主及社会主义者大加挞伐，当时的社会主义者尚未变成工团主义者，而将社会保险视为延缓“资本主义不可避免的垮台”的手段。同时是贵格会成员的工业家，首先倡导并实行良好的工作环境、生活津贴和意外保险；赋予劳工个体特性与人格，让他们不再如同机器般仅以编号形式存在于阶级中，正是这项改革背后的理念。“工业民主”的概念则要追溯到欧文(Robert Owen)，他是早期资本主义宛如圣徒的代表性人物，也是消费合作社之父。

同时，宗教力量也力图阻止那些遭受资本主义工业与无产阶级夹击的弱势独立个体支离破碎。许多农业生产组织和信用合作社，都是由基层牧师一手建立的——通常遭到宗教领袖和政治当局的坚决反对。新教徒与天主教徒不约而同地对抗封建庄园、反对佃田发展、反对掠夺独立农民土地的圈地行为——不论在资产阶级自由主义者或马克思主义者的眼中，都是不值得对抗的议题。

这些对抗社会经济基础的宗教反叛力量，协助解放了爱尔兰、普鲁士新教地区、奥匈帝国斯拉夫地区以及北欧地区的农民。类似的抗争也顺利支持独立工匠，不仅保住其经济及社会的地位，也维持住他们的自尊及智识、精神上的自主性。值得注意的是，这次运动由两个来自社会两极、除了相信经济和机械化社会注定毁灭之外，别无共通点的德国人发起：一是冯柯特勒主教(Bishop von Ketteler)，他是最骄傲、最富有又最具影响力的贵族后裔；另一位是无产阶级的柯尔平(Kolping)，他出身于社会的底层，必须在饥饿与屈辱中为教士之路奋斗。

经济人社会濒临瓦解的态势愈明显，基督徒为社会提供全新非机械论基础的努力就愈全面，也愈来愈顺利。20世纪初，社会结构似乎随时就会与新的基督教秩序结为一体。无论救赎军等组织，或是索楠沙因

(Carl Sonnenschein)的努力(柏林成千上万的无产阶级不分教派与政治信念，都将他视为领袖、伙伴和顾问)，都为基督教的复兴提出了愿景。

在教育方面，宗教力量同样举足轻重，甚至更有成就。18 世纪与 20 世纪初的整个教育体系，主要都是基督教试图向儿童灌输非机械论和非经济人的概念，以维持个人的自由人格和理性存在。在欧洲，所有现代教育(甚至包括显著的无神论激进派学校)都建立在以宗教力量取代经济人的企图上。改革瑞士教育的裴斯泰洛齐(Johann Heinrich Pestalozzi)和创立“宗教士绅”这种维多利亚式理想的“拉格比”的阿诺德，固然主要仍受到德国唯心主义哲学中的人文主义之启发，以反对 18 世纪乏味的形式主义为动力，但他们还是将改革建立在基督教人类概念的基础上。真正推动教育的决定性力量来自醒目的社会动机。创办周日学校的英国福音派、为罪犯和弃儿成立现代第一家收容所的德国汉堡新教牧师维歇恩(Wichern)，以及在米兰贫民区规划第一家儿童自治学校的意大利修道士鲍斯高(Don Bosco)，他们都想保存并重建未彻底功利化、经济化，而具备基督教与人文精神的人类概念。

所有这些人，无论是在社会或教育领域服务，都期望教会和宗教可以吸引愈来愈多的社会精英。事实证明这份期许十分恰当。当然，大战开始前，马克思主义吸引了一大部分无党无派的个人，从自我思考及对质疑既定规则的能力来看，这些人有资格担任精神领袖。但是，至少在 19 世纪的最后二十五年，宗教所吸引到的精英，无论在素质和影响力上，都比心向马克思主义的精英优秀；在世纪交替后，连数量也胜出了。

约翰·穆勒(John Stuart Mill)是自由主义和马克思主义的精英中，最后一位独立的欧洲思想家。他曾积极倡言这两种秩序的末路，到临终前都受到强烈的质疑。在他去世后，资产阶级自由主义及马克思主义新的一代，在社会思想领域都未再孕育出任何一位独立又有创见的领导者。列宁是两位最重要的追随者之一，虽然他在行动领域称得上独创、优秀，却刻意将智识活动局限在评论和校订大师的理论。另一位最重要的追随者是索列尔，他试图承袭马克思主义信条在智识上的发展，最后却全盘否定其信仰内容、全面放弃自由人的观念，更将自发性的暴力尊奉为神。

另一方面，过去五十年来，有一大部分独立而有创见的社会与政治哲学家，都回归到宗教层面。他们的宗教经验，毫无例外都建立在“资本主义和社会主义秩序必将垮台”的认知上，迫使他们开始寻找可以奠立社会架构的新基础。举几个比较武断的例子。欧洲基督教激进教派有四名重要的领导人：俄国的布德契夫(Berdiadiev)原本是杰出的马克思主义理论家；英国的切斯特顿(Gilbert Keith Chesterton)原是社会改革者；德国的新教徒巴斯博士(Dr. Barth)现在仍是社会党党员；布列宁博士则是工会干事。显示这项社会任务冠于一切的征候还有一个，就是世人逐渐趋向罗马天主教教义——相对于1850年以来社会潮流多趋向新教主义且鲜有例外的现象，这是惊人的大逆转。在基督教肩负起社会任务前，新教“较不僵化”的秩序，正好投基督教思想所好，因为新教教义对社会生活多抱持中立的态度。自称是一切人类活动的本源、秩序“较为严谨”的天主教教义，则在寻找新基督教社会的过程中，唤起了宗教的情操。

变迁之中，有两位先行者留下了大量的记录，说明是什么力量吸引他们转向宗教。一位是陀思妥耶夫斯基，早年的他坚信法国大革命，是个专精社会主义的自由主义者；后来，经历了监禁、死刑和流放西伯利亚等可怕体验后，感受到个人在现代狰狞世界中的孤立，而动摇了对自由的信仰。他所有的小说都反映了同一个主题：只有基督徒才能使现代社会变得理性而有意义，才能承受现代社会的现实。另一位是亨利·亚当斯(Henry Adams)，他虽是美国人，却独树一格地在美国的传统及思想中，展现了欧洲的遗风，因此被视为欧洲趋势的代表人物；在他了解现代社会机器的邪恶本质后，为了追寻“充实人生”让人类可以重新活在一致且有意义的秩序，他受到了“沙尔特与圣米歇尔”(Chartres and Mont St. Michel)教派的吸引。信仰的基础是社会目的而非个人宗教情感，这点在他的例子中格外显著。

同样清楚的是丹麦作家克尔恺郭尔的社会基础说，他自许要像四十年前的尼采和托尔斯泰一样，成为我们这一代的欧洲知识分子的老师。他之所以发展出“飞向上帝”的论点，是因为他了解到，个人不过是现代社会中一个孤立的原子。为了使这种孤寂感可以忍受且有意义、让社会有可能延续下去，必须赋予个人一套超越经济社会的新价值和新基础，这就是克尔恺郭尔哲理的要义。值得注意的是，在他自己逃到新教的尽头之际，他许多弟子都发现，“通往罗马之路”更能解决社会问题。

这股趋势最值得一提的例子是，有位人士尽管基于同样的前提，最后却没有以基督教为依归：他就是尼采。称尼采为基督教精英的见证人，似乎并不合适。但我从不怀疑的是：他所有作品的宗旨都在避免认同基督教，而最后造成他精神崩溃的原因（不管是不是生理上的原因），就是他了解自己已经撞上一面空墙：不接受基督教，就等于否定自身的合理性、否定自己精神正常。他的思想源于18世纪而非19世纪的自由人文主义；当他在希腊人继而在所有人身上都发现魔性之时，就抛弃了这一概念肤浅的理性主义。为了驱逐这些恶魔，他采纳瓦格纳的浪漫资产阶级自由主义。浪漫主义失败后，他试图创造出不需任何社会、信仰和道德标准，因此强过所有恶魔的人：超人。但这一切建构其实都是为了否定基督教基础对社会与人性观念的必要性。当事实证明“超人”只是肤浅的幻觉——屈从和惧怕在他的后期作品中展露无遗，他企图为人与社会建立确切非基督教观念的试验，终告失败。

为新基督教精神基础所做的形而上的奋斗，很快就在社会及政治生活中得到深切的响应。我指的不是一般定时上教会、只把宗教当成社会习俗的人。巴伐利亚或意大利的佃农也好，退休的英国上校也好，他们只是累赘或惯性的产物。他们是碍事、反动的一群，形成教会内主要的反动势力，阻碍了必须让现代社会与基督教准则结为一体的革命性任务。因此，宗教精英分子在属于少数派的教会，如英格兰的天主教会和奥地利新教教会中的影响最巨；至于西班牙、意大利的天主教会，或普鲁士的新教教会等多数派教会，则很少受到他们的影响。基于同样的理由，受到新基督教运动吸引的人，大体上都出身于反宗教而接受机械论的环境；为了接受基督教，他们不得不与之前信奉的原则决裂。这二十年来最引人注意的发展，或许当属“典型资产阶级”或“典型社会主义”团体，如知识分子、专业人员和艺术家等，不惜饱受内心挣扎与外在冲突、背离之前的信仰和阶级信条而转向基督教的原则。连那些对宗教经验无动于衷，或像纪德那样驳斥宗教经验的人，都必须正视这种经验。对于宗教，他们不可能再像战前那般漠不关心了。

如此一来，由于能够博得那些注定成为领导人、无党无派的少数人士对其效忠，因此当今的教会和宗教比前几个世纪更强大。然而大众普遍的印象：今日的宗教和教会比以前更无能为力，也是千真万确的事实。的确，有些细微的发展可以诠释为趋向基督教准则的象征。或许堪称重要的是，民主派人士在被法西斯主义打败前，都曾求助于宗教精英的领袖——包括意大利的斯图佐(Don Sturzo)、德国的布列宁、奥地利的赛佩尔博士(Dr. Seipel)。或许我们也可以说，有为数可观的奥地利知识分子，甚至少数奥地利工人，都曾在许士尼格(Kurt von Schuschnigg)当政时的悲惨、绝望的年代，投身天主教——即使大部分无疑只是投机。然而，这一切都算不了什么。唯一重要的事实是，大体而言，宗教力量下的政治和社会活动，要不是完全的反动派，就是毫无意义的幻想。罗马教皇对社会问题的通谕，在葡萄牙等国或许可以实行成功——因为它根本没有教皇通谕要解决的现代工业社会问题。然而，一旦运用于奥地利等工业国家，这些教谕就只是不切实际的反动，或无意义的说教，离严峻的现实还有一大段距离。德国新教社会主义者的思维和教义，同样被证明无效，他们虽然是真正的革命团体，在外人看来不过是一群反动的爱造梦之徒。

群众不只看到基督教的社会教谕与政治教谕无能的那一面，也见不到教会精英有任何建设性的作为。教会每每只从负面、反动的角度强调每一项冲突。确信机械化社会无法长久的观念，使他们不得不反对资产阶级自由主义和社会主义。他们自称拥有新的建设性观念，却始终提不出来。于是，教会的无能助长了极权法西斯主义的气焰，即使他们应该知道(事实上也的确知道)，比起马克思主义最离经叛道的无神论，极权主义更反宗教、更反对基督教的根本信仰。奥地利和西班牙的历史，就呈现了这个悲剧性的矛盾。

教会与基督教普遍无能寻求社会的基础，这点充分反映在基督教领导人亟欲寻找这个基础的成果上。比方说，切斯特顿的天主教教义背后的动力，无疑是社会目的，而非个人信仰。但唯一他所能创造的社会理想，无非就宛如《唐·吉诃德的回归》(*The Return of Don Quixote*)。唐·吉诃德是所有文学作品中最反社会、最孤立的人物，完全活在自己的想象中，认为现实世界和社会对他几乎毫无作用，因此一概忽略。而切斯特顿笔下的现代唐·吉诃德，同样不顾或忽视所有社会的现实情况，包括阶级战争、机械化、社会的衰败等等；身为记者的切斯特顿和所有同时期的英国人一样，对此都有敏锐的意识。再以亨利·亚当斯为例：促使他转向教会的力量，完全来自政治和社会所反映的现实，以及对"生命的合一"的追求——换言之，也就是追求社会的理性基础，而非个人的宗教情感或需要。但他找不到社会性的解决方案，也无法从宗教中觅得他毕生追寻的社群。从中他只获得一个关于过去的白日梦，和一个关于当下更清晰的画面——除了个人价值外，别无其他。

教会力图为新社会提供基础而落得一败涂地的原因，显然不是传教士常哀叹的——我们这年代有"不信神的风气"。相反，一个会让菁英投入教会的时代，必定有让人们信教的强烈动力。尽管有这种需求，基督教和教会仍无法以宗教的立场提供社会性的解决方案。今天，基督教能做的，只是为个人提供一个隐蔽的避风港、庇护所。它无法带来新的社会、新的社群。自身的宗教经验，对个人来说也许是无价的；或许可以让他恢复平静，或许可以给他个人专属的上帝，为他的职责和天性赋予理性的解释。但基督教无法重塑社会，不能使社会和社群生活变得合理。即使是最虔诚的天主教徒，目前也处于极端新教徒(如克尔恺郭尔)所在的信仰位置。对极端新教徒来说，上帝是纯属个人、无法言喻也无法交流的经验，只会加深他的孤寂，让社会彻底失去理性。

基督教在社会方面的挫败，最明显也最可悲的例子，或许就是德国忏悔运动(German Confessional Movement)勇敢无畏的领导人：尼莫拉牧师(Pastor Martin Niemoeller)。转向基督教是为了追求社会的新基础，这点在他身上展露无遗。曾在大战时担任潜艇指挥官的尼莫拉，就像他那一代的人一样，在完全崩溃和彻底失望下走出战争。他首先在煤矿场的社会主义和共产主义工人身上寻找新社会；幻想破灭后，又到最早的纳粹激进团体间寻找。最后，他转向宗教求助。他在宗教中找到个人的平静、个人的避风港、个人的使命和个人的信仰。但他找不到适用于社会的教训。他基于个人的道德良知而反对纳粹主义，但是，尽管他想在社会领域寻得任何反对纳粹且有建设性的意见，却始终无法如愿。他了解，政治与社会一旦实行极权主义，就意味着宗教自由的毁灭；但他又无法发展出任何与个人信仰相对应的社会或政治信条。

对所有基督教教会来说，这样的失败甚至比失去一切信徒还糟。在无神论的汪洋中遭到迫害的小型教会，若能给予追随者一个真正的社群，或许还能屹立不摇。一旦唯物论泄露其空洞的本质，教会就能立刻以胜利者的姿态出现。法国大革命时就发生过这种情形，再过一两代，也可能在苏联发生，因为有极少数坚持进行教会改革的人士形成了真正的社群。但是，一个尽管在信徒的质量上均占优势却只能带给他们个人信仰与个人满足的基督教教会，就不再是完整的教会了——至少就欧洲人对“教会”一词的认知来看是如此。它已经失去作为宇宙理性秩序的基础所必需的特质，也无非承认：过去曾驱逐许多恶魔或将之理性化的基督教，对于令这个时代、这个社会苦恼万分的恶魔，却是无能为力。教会完全无法了解恶魔真正的本质，无法了解这些超乎欧洲信仰体制之外的非理性力量，就像资产阶级自由主义和社会主义不但无法理解这些力量，甚至试图将其纳入一般模式(也就是我先前所谓的“反法西斯主义的错觉”)一样。唯一的差别在于，基督教观念评判这些新力量的依据，仅在于它们是否反机械主义和反唯物论；而自由主义和马克思主义则是单凭机械论者和唯物论者的观点，来审视它们是否“合理”。正如自由派与社会主义者罔顾所有证据而相信：多数意大利人和德国人私下是反对墨索里尼和希特勒的(或顶多是被“误导”)；教会也罔顾所有证据(包括自己遭受迫害的事实)而相信：佛朗哥是“基督教战士”、希特勒和墨索里尼真的会将世界从布尔什维克主义中拯救出来——他们最多只是偶尔表现出“过火”的革命热情，但本质上一定是没有问题的，毕竟他们反唯物论、反机械论。

我知道我把事情的实际状况过分简化了；也非常清楚，多数自由主义和社会主义者不会接受上述的粗糙见解。但唯有这种看法才有意义，因为它呈现出所谓的“最小公分母”。教会的情况也一样。就连以天主教占多数、一切作为都只为了维护天主教形式的国家，也有大规模的团体不断反对任何亲法西斯的态度。在其他国家，则有公然反叛教会政治之举——包括新教和天主教。英国的女公爵阿索尔(Atholl)和主教奇切斯特(Chichester)、法国的贝尔纳诺斯(Geroges Bernanos)和莫里卡(Maurica)，以及身兼奥地利红衣主教、新教宗教社会主义者和天主教工人领袖的福尔哈贝尔(Faulhaber)，都强烈反对极权主义；他们比亲法西斯主义者更能代表教会的多数。但真正起作用的只有亲法西斯分子。因为只有他们才能理解法西斯主义，方法是——拒绝领略法西斯主义真正的本质、坚持用传统标准加以评判。而那些了解法西斯真正本质(不仅是所有传统秩序的大敌，也会否定一切我们认为有价值且神圣的事物)的基督徒，却无法将他们的所知转化成有效的方案。这是因为他们无法将引发法西斯主义的恶魔力量合理化，无法加以驱逐。他们人数众多、理直气壮，却无能为力；少数派虽然势单力薄又盲目，却具有影响力——至少到目前为止。证明法西斯是基督教最大威胁的事例愈多，这些少数人士就愈顽固地紧闭双眼、坚持自己的解释。而多数派将持续无力与之抗衡。若没有替代的办法，你拿什么跟人对抗?

当教会试着说服自己相信，恶魔世界的语言及概念和本身的秩序代表相同的意义时，教会的败象变得分外明显；事实上，这些语言和概念的意涵已经截然不同了。法西斯主义的“权威”就是残忍、自发性暴力的统治方式。在基督教秩序中，“权威”的意义恰恰相反：为臣民的利益而对力量的限制——受外界支配的权力正当性。当希特勒与墨索里尼着手“重建威权”时，他们的意图是要摧毁所有的自由和自主，证明强权等于公理。然而“权威”向来意味着公理凌驾强权。但教会有群人一面斥责自由主义和社会主义将权威误解为“强权凌驾公理”，一面却只见到法西斯的概念是自由主义、社会主义对权威的批评的反动。他们没看到也看不到的是，法西斯主义的权威概念是从基督教支持的事物外部开始攻击和否定，而自由主义与社会主义仍是在基督教的价值概念内部，对权威加以批判。

同样，教会内对社会具影响力的团体，也掌握不了“所有权”一词的新定义。他们认为“所有权”是一种不可让与的社会权利，而每个人都需要履行社会义务、执行社会功能，依此才能求取社会平等。此观点和恶魔统治世界中的所有权观念水火不容：只享特权、不尽义务——完全荒谬不实却极其强大的假象。教会内部的反对派预见了这个发展，并指出：让所有权与控制权分离，且将所有财产附属于金钱经济下，会使群众更为贫穷、让少数人更富有。他们也了解，社会的机械论概念把用金钱衡量的经济地位视为唯一的社会标准，是促使所有权变质的原因。然而教会却无法理解，今天所谓的所有权已和他们的定义相去甚远；因此他们不能抛弃“所有权原则”，还得强迫自己相信，今日的所有权只不过“被稍微滥用”而已。教会一面猛烈抨击财产所有人是唯物论者和机械论者、一面却一直和他们站在同一边的原因就根源于此，远超过教会身为地主的利害关系。

宗教力量的无能和不足，恰好发生在群众最迫切需要宗教的时候，这也许是现今欧洲局势中，最令人沮丧的一点。但宗教的挫败是不可避免的；教会内最激进和最有远见的力量，都确实曾试着完成这不可能的任务：一方面，他们试图掌握这个从欧洲持续发展的断层产生的全新局势——新恶魔的入侵。另一方面，他们想在旧形式和旧制度的基础上创造新的合理性，以散发出他们曾受熏陶并已逐渐适应的旧社会气息。基督教的极端保守派也曾试图成为革命力量，但只是为了维持鲁钝的广大群众对自己的拥戴，让他们成为固守反动立场的忠实信徒。极端保守派试图让教会成为新世界中的新力量，同时又不愿放弃也无法放弃旧秩序的根本架构(其社群生活、学校、政治和社会结构)中，由教会掌握的地位。结果，各地虔诚的基督教革命者(同时用虔诚和革命形容，是因为其目标基本上仍算是保守，只是为了防止历史的延续性出现断层)立刻无可避免地和自己教会既有的物质和非物质利益发生冲突。这个冲突只有两种解决方式：不是退到对社会起不了作用的“个人信仰”位置，就是捍卫现有的却同样起不了作用的制度。但没有任何办法可以让他们既保有旧社会的地位，同时又能创造新社会。

基督教革命者本身并没有错。革命在现有秩序下根本不可能进行。但只要教会的形式和结构原封不动，基督徒是没办法显身手的。唯有摧毁教会的惯例，易言之，当迫害或社会革命已让外在机制无法维持后，基督教才有可能顺利重新整合。关于这个说法，历史提供了充裕的证明。在欧洲历史之前的两次断层，也就是13世纪及16世纪进入17世纪时，宗教一直到被迫从根本改变制度之后，才成为具建设性的社会力量。甚至在法国大革命时(以历史观点来看，那只能算是欧洲历史长河中的一场小骚动)，为社会和政治的重新整合奠定有效基础的，也是流亡的法国天主教徒如波纳德、梅斯特等，而非留在家乡原有位置和机构的天主教徒。

教会和基督教将会比我们迄今所见的任何事物，更受到极权主义的严重迫害，这点似乎非常确定。而这其中也隐藏了一种真实的可能性，就是教会内部革命力量的努力，终将开花结果。注定将新的整合和对旧地位的维持系在一起的二元性一旦从外面切断，宗教就将成为建设性的社会力量。在那之前，他们只能为愈来愈崇高、愈来愈勇敢而独立自主的有识之士，提供个人的避风港和精神寄托；无法赋予群众一个新社会秩序的理性。就社会活动来看，宗教力量的运作将与马克思主义无异。他们仍会从内部继续对现有秩序提出尖刻、锋利的抨击。从这个功能来看，他们对社会的影响力将完全仰赖他们批评的秩序。否则他们终将失败，也已经失败。

为了驱除恶魔，芸芸众生绝望地寻求新的合理性和社会秩序；已然刻不容缓，因为他们无法面对这样一个无社会的、个人至感孤寂的世界；然而，他们从教会得到的救赎，和从社会主义获得的一样微不足道。对他们来说，除非欧洲永远支离破碎，否则基督教最终是否能继续作为欧洲的基础，一点也不重要；而他们对马克思主义的信仰也已经成了过去式。他们只在乎今天，只担心会令他们绝望的现实和恐惧，只关心恶魔能不能马上消灭。

第五章

极权主义奇迹?
——以意大利和德国作为实例

欧洲民众对资本主义与社会主义，以及立基于资本主义与社会主义之社会的信仰，大部分都已瓦解了。维持社会外围组织的必要性，也已随之消失。然而，试图创造奇迹、为旧社会的躯壳寻找新社会内涵的极权主义，迄今却仍局限于欧洲的两大强权——也就是意大利和德国。

找出造成意德两国民主制度崩溃的原因，是最重要的事。之前我们针对法西斯根源所做的分析是否正确、得当，就决定于此。若结果证明意德两国的发展是他们独有的因素造成，而欧洲其他国家不具备这些因素的话，我们的分析就算正确描述出欧洲的情势，也还是没举出法西斯主义的真正起因。

我们之前曾提出“法西斯主义随着旧秩序的瓦解而诞生”的理论，意味着民主在西欧和北欧能够存续，不是因为它有力的社会承诺，而是因为它能实行超脱社会内涵的大规模诉求。只要分析出民主在意大利和德国垮台的原因，就可以回答一个最重要的政治问题：对于法西斯主义的致命毒害，西欧民主政体到底有多大的抵抗力?这个解答也可以预测出：西欧国家日后会追随法西斯与纳粹主义到何种程度。

一般认为，德国和意大利的发展，是由于这两国独有的特性和政治势力所造成的。希特勒宣称，他的行动是为了实现德国人民“真正的命运”。墨索里尼所谓的“法西斯主义不是外销产品”，在当时也说得诚恳。民主国家之间的看法大多与此类同，将法西斯主义归咎于意大利人和德国人本身的民族性和历史发展。两国外交政策在目标上的连贯性、文学和哲学的发展趋势，甚至彼此真真假假的民族特性，都被拿来支持这样的论点。

这种解释听起来颇具说服力，甚至还可充分引经据典。但俗话说：“当历史学家为扑朔迷离的事件深感苦恼，又不愿意承认自己无法解释时，‘民族性’就是他们的最后一招。”这句话完全适用于此。每支现代民族的民族性都如此复杂、看来如此矛盾，且多由模糊的因素决定，以至几乎什么事情都可用“民族性”来解读。

就在希特勒掌权的前一年，有位著名的意大利反法西斯主义者对我“言之凿凿”地说：法国将率先走上法西斯之路，而德国将维持民主。他这套肤浅得让人印象深刻的理论建立于法国历史的“亲法西斯特性”，有很多事例都表现出这点，包括数起强取豪夺的毁灭性战争、路易十四的专制、拿破仑一世和拿破仑三世的独裁、造成德雷福斯事件的反动情绪，还有反对天主教及保王党人士的亲法西斯倾向等等。至于德国，他(以普遍过度简化的方式)观察的结果认为，“魏玛”将逐渐取代“波茨坦”的地位。

其实，意德两国的发展并非由民族性造成，这点是毋庸置疑的。首先，从法西斯已成为世界性革命力量的事实可明显看出，在意大利与德国造成影响的因素，其他国家一定也有。其次，法西斯在意德两国以类似的形式出现，但欧洲任两支民族在性格和历史上的差异，都不会比德国人和意大利人之间来得大。况且，说法西斯主义底下的外交政策已经出现连贯性，更是不正确的论点。外交政策的目标大多由地理和历史条件所决定，因此这种连贯性本是所有革命的通则。然而，意大利在法西斯意识形态内在动力的驱使下，已经被迫改变所有外交政策的目标和目的，而德国也朝着相同的方向迈进。

最后一点，将意德两国的发展归因于“民族性”，在某个程度上其实混淆了历史事件的因果关系，使整个论点无效。显然，意大利以外的地区是不可能像法西斯一样，操弄罗马帝国这一符号。反犹太主义在其他西欧国家社会中所扮演的角色，也不可能像在纳粹主义中扮演的那般重要——尽管别的地方也有类似这种迫害犹太人的仿冒品，如现今的意大利。但这些都只是历史发展的表现，而非起因。从各国当地条件造成的形式上的差异来推论出起因的不同，就像是从英国保留君主制度而法国走向共和政治的事实，来推断英法议会民主成因的根本性差异一样。就算法西斯主义和纳粹主义可被解释成意德民族“精神”的体现，那么，又是什么在这个特殊时刻释放了这种神话般的精神，成为资产阶级自由主义与社会主义的反动势力？这个原因一定是某种从外界影响民族性的因素。

一般认为，这个最主要的外在因素就是战争。当然，如果不是战争揭露民主欧洲内部破损不堪，法西斯主义也不会出现。但是，为何因战争而崩溃的是意德两国，而不是法国——法国所受的战祸，可远比意大利甚至德国更甚呢？就意大利而言，答案是“和平的沦丧”。这显然是胡说八道！意大利在大战后得到的领土，依比例来看比其他协约国都多；另外，她还取得亚得里亚海的掌控权，以及在东地中海非常有利的战略位置。至于显露出意大利民主制度腐败的内部混乱（以上是法西斯官方的说法），绝对不及1918年的法国大动乱。但法国的民主存活下来，意大利的民主却一命呜呼。由此看来，法国的民主显然拥有一些抵抗战争影响的力量，而这正是意大利所缺少的。

这个观点对德国来说更不适用了。因为在德国（也只有在德国），战争反倒加强了人民对民主的信仰，让民主顺利取代德国在战前的制度。德国之所以没比意大利先成为法西斯国家，只是因为她战败。反抗《凡尔赛和约》的军事行动迟早会展开。但假使民主本身拥有任何力量，这种反动一定会强化德国人民对资本主义或社会主义信条、“工业化民主”，以及民主的民族自决方式的信念。事实上，从拉特瑙开始，所有反对《凡尔赛和约》的德国人都预测局势会如此发展。从逻辑上来说，德国应该会沿着1870年后法国复仇运动（在总理克列孟梭的激进主义处达到高潮）的脉络发展。事实上，德国一开始确实朝此方向前进；最初几年来看，德国仿佛担任起领导民主运动反抗帝国主义的角色。

为找出民主在意大利与德国崩溃的原因，我们必须找出，有哪些社会与政治的特征是意德两国共有而其他欧洲国家所欠缺的。意德两国的确有一个也只有一个共通的社会特征。这可以有多种不同的诠释方式：一、这两个国家的资产阶级秩序都是由上而下推展，没有经过基层的革命；二、虽然意大利和德国都拥有民主体制及为数众多又强而有力的资产阶级和无产阶级，但这些阶级从没有实际管理人民的经验；德国的“政治教授”（political professor）和意大利的“政治律师”（political lawyer）就算在内阁占有一席之地，在社会上还是没有力量可言。最后，意德以及奥匈帝国的西部，或许可视为构成了欧洲民主的东缘——一种军事防线，可惜民主世界一直未能固守。这三种表述方式意味着一个事实：德国与意大利在19世纪吸引群众寄托情感的伟大经验，并非资产阶级秩序的胜利，而是民族统一的成功。两国的革命运动都以“民族”为首要目标，其次才是“民主”。为了民族统一而战，为了民族统一而流血牺牲。资产阶级秩序是因为被当作民族统一的手段，才为两国人民所接受。资产阶级秩序的教义和口号并不具情感的吸引力；它们的力量来自其社会承诺及社会意涵。因此，社会大众对资产阶级秩序的拥戴，与自发的情感毫无关系。一旦人们发现资产阶级秩序的内涵无法实现，其教义和口号便不复存在了。相形之下，英国、法国、荷兰和北欧国家为民主奋斗的经验和传统，则深植于民众的心中。这些国家早就完成民族统一，因此民主信念能凭本身的条件显出情感的价值。比利时是唯一在民族的传统和感情上，将完成民族统一与独立置于首位的西欧国家，这也是她19世纪的伟大成就。而比利时的雷克斯党（Rexist Party）在西欧地区掀起了第一波剧烈的法西斯运动。

在意大利的历史中，加富尔（Cavour）的地位优于加里波第（Garibaldi），正是说明这个情势的最好范例。加富尔为人冷静、务实，可说是18世纪开明专制（enlightened absolutism）的产物；他的内心其实并不认同民主理念，正如罗马教会的红衣主教黎塞留在“三十年战争”中，为了削弱哈布斯堡王朝而支持德国新教却不认同德国新教的理念一样。

在加富尔眼中，君主立宪、议会民主、自由参政和自由贸易，除了打击有领地的贵族之外，别无意义。意大利的民族国家就是他的杰作。至于加里波第，对他来说，民主本身即是一种信仰、一个至高无上的目标；他虽被誉为浪漫英雄，但他之于现代意大利的塑造，就如罗宾汉之于现代英国的创建一样，几无影响力可言。

因此，资产阶级民主和资本主义在意大利从未成为情感上的价值观念。尽管现代的社会与经济功能令资产阶级非发展不可，但资产阶级始终当不成真正的主人。最典型的资产阶级的职业，商人，在社会上未受如何尊敬，就是明证。直到第一次世界大战结束前，意大利一直乐于让来自奥地利、法国和德国的外国人来处理贸易金融界最重要的工作，包括北部平原工业化，以及建立大型商业银行和保险公司等等。

因此，资产阶级秩序的教义、机制和信仰，唯有基于它们对社会的承诺才能被接受；唯有这项承诺维持有效，它们才得以维持。和这个弱点对应的，是意大利社会主义和工团主义中的教条主义。西欧的社会主义和工团主义，基于民众对民主的教义和口号有情感上的依附而向资本主义现实妥协，但意大利的社会主义和工团主义却办不到。如此一来，社会主义和工团主义被迫成为死板、不灵活的反对派；这不仅剥夺了它们认清现实的能力，也使得追随者无法在资本主义社会中保卫民主的自由。意大利文学和哲学的发展也出现类似的情况——它们与政治现实之间毫无关联，而是起不了政治与社会作用的“纯思想”。结果，最崇尚自由、个人及理想主义的意大利民主哲学家甄提尔(Giovanni Gentile)的学说，反被法西斯教育政策用来作为反个人主义、反理想主义和反自由主义的幌子。

民主崩溃的原因在于民众与其信条没有情感上的联结，最好的例证就是墨索里尼自身的经验。他最初的企图不过是要发动一场社会革命；唯一的目的只是要夺取属于他个人的权力、牢牢抓住不放。墨索里尼在 1924 年之前的个人著作，都明白显示他以下的看法：意大利社会在信仰和制度上都很稳固，只是因为缺乏强权，才会为表面的混乱所困扰。如果要他举出几个自己足堪比拟的历史人物，他可能会把自己比作黎塞留或拿破仑三世。在这种情况下，夺权者首先必须试着让现有的社会秩序和制度供其个人目的使用；也因此，他必须努力维持现有的社会秩序和制度。

这正是墨索里尼本来想做的事。然而，为了维持现有社会制度和秩序作为个人统治工具，他做了许多尝试，最后只有一项成功：他保留了萨伏依王室(House of Savoy)，因为这个君主政体是意大利民族统一的情感传统的一部分。其他所有以民主价值为基础的机制，虽然他也努力想保留下来作为统治工具，却纷纷崩溃了。一旦民主信念的内涵瓦解，民主机制也就随之消亡，因为民主机制在人民的情感之中，没有独立存在的必要。

于是墨索里尼发现：他无法像当年的拿破仑三世一样，继续维持下议院(Chamber of Deputies)。他原本想将他与教会之间的斗争，限定在反对会危及他个人统治的意大利天主教政党。结果，墨索里尼反而被卷进意识形态斗争中，这是他原本最不乐见的事情。他曾费尽心力要维持自由经济，让银行家和企业家继续调节经济。但在他攫夺政治控制权的同时，自由经济也跟着崩溃。“公司国家”——原本单纯设计来作为个人权力的政治工具，忽然间取得独立的社会和经济功能。最后，在外交事务上，他原本想玩“二流强权”的传统游戏：永远向往领先，也永远留在国际均势的支点上。然而意识形态却迫使他不得不与西欧展开对抗。这导致意大利在中欧和巴尔干半岛上完全丧失影响力，使得意大利对亚得里亚海的掌控权面临新的威胁，也使意大利被迫依附强权，这必定会对墨索里尼的个人统治(这是他的主要政治目标)产生致命影响。他被迫成为说话不算话的革命者。资产阶级社会的崩溃迫使他非得创造、临时凑成一个新的社会结构不可，这与他原本的意图完全不同，甚至恰恰相反!

德国的发展也跟意大利差不多。民主的教义一开始也被当作实现民族目标的手段来使用——从1806年普鲁士专制君主的大臣就全面推动民主改革以激发民族精神（也因此击败了拿破仑）开始，直到俾斯麦向自由派妥协、拥立另一位普鲁士国王成为新统一德国的首位皇帝为止。德国社会的资产阶级不仅在人数上超过意大利，在经济上也比意大利重要，但对政治却更无能为力，其职业在社会上更不受尊重。德国的唯心主义哲学思想，虽然被誉为自由和资产阶级时代的完美思潮，却离现实更远。社会主义的反对派也同样只重教条而不切实际。因此，德国的民主口号与机制对情感的吸引力一直都相当薄弱，唯有在大战期间增强。这让德国得以在1922年到1923年通货膨胀的浪潮下，维持住民主机制（这场灾难表现出工业化社会毫无理性和恶魔般的特质，令人余悸犹存）。德国为争取国际地位平等的奋斗，反映出德国从大战中习得的教训，不是民主有多优越，而是民主不过是场骗局。于是，在一般民众印象中无独立存在必要的民主体制开始崩溃，而民主秩序内涵的瓦解，也迅速波及民主的教义、象征与机制上，未遭到一般民众情感传统的任何抵抗。

希特勒的情况也和墨索里尼类同。希特勒和后者不同的是，他是一位典型的革命家。他个人过着苦行生活的这点特质，证明了他对革命的执着，一如墨索里尼纵情欢乐、跟男孩一样爱胡闹的性格，表示他是热爱权力、只为自己着想的人。然而和墨索里尼相同的是，希特勒也希望运用现有的社会和经济秩序，来达成他个人的政治目的。希特勒在《我的奋斗》中对经济问题没什么着墨，这表示他深深相信自由竞争、个人的创造精神和政府不干涉经济是好事情，仿佛是亚当·斯密最坚定的信徒。希特勒也和早期的资本主义者一样相信所有阶级能在经济上达成和谐。因此，他确信只要除掉“垄断”与“金融资本主义”等四处攫夺的势力，商业就可以透过代议机关来自我管理。我曾亲耳听过希特勒抨击拉特瑙与其弟子，因为他们主张极权化的经济体制——依照希特勒在1931年的说法，这将使得国家成为社会结构下的奴仆。

由此看来，希特勒其实是反对经济和社会的极权主义的。当他的手下沙赫特与整个纳粹党唱反调时，也只有他本人力挺到底。希特勒否决了将德国银行整并为一的计划，并下令政府将在经济萧条时期不得不接手的银行与企业股份，重新转售给社会大众。这种重新私有化的方式最后丝毫未能动摇纳粹政府对各行各业的掌控，并不是希特勒的错。在人民因为民主秩序内涵消失而放弃了对这种秩序的信仰之际，希特勒也不得不创建一个全新的社会。人民的绝望逼使希特勒迈向社会革命之路，这不仅夺去他政治革命的光彩，也迫使他必须彻底修正外交政策。

以上对于意德两国形势的分析显示出，造成民主制度崩溃的原因不只存在于这两个国家。这两国的独特之处，在于缺乏一种诉求，让民主信仰的教义、机制与口号，像在西欧国家一样打动一般人的心。

所以说，西欧民主对于极权主义的反抗力量，完全仰赖民众在情感上对“民主表象”的拥护。这种拥护赋予表象某种独立存在的可能——即使背后的结构已经倾倒，表象仍可以继续存在。这种传统的反抗力量可能会非常强大，或许可以确保外在的形式好一段时间屹立不摇。意大利和德国的历史就是绝佳的例子，证明这种力量数百年以来的影响。意大利各城邦以及德国神圣帝国内的封建地主统治制度，对所属人民都有情感上的吸引力，正是这种吸引力所产生的反抗力量，让早在17世纪就可能完成的中欧民族统一，拖到19世纪才实现。

但是这个例子也证明了，无论传统的抵抗力量有多强大，终究只是被动、消极的力量而已。尽管德国和意大利三百年来一直抗拒统一，但她们的旧秩序既无法维持生计或理性，也发展不出自己的社会组织。她们只不过是两具空壳，而当她们无法像西欧国家那样享受到民族统一赋予的利益之后，就只好接受新秩序所有的不利条件及最坏的特征，包括：过度中央集权、王侯般的独裁、形式主义的法律，以及有损无益的宫廷等等。最重要的是，她们变得彻底无能——在政治、经济及意识形态上都任凭西欧的支配。从三十年战争到拿破仑时代，德国与意大利一直是欧洲的战场，就是明证。

西欧的民主完全寄托于传统的事实显示，一旦反抗力量瓦解，她也将面临和德国、意大利相同的问题。当然，西欧国家克服问题的方法，相当程度上一定会受限于当地的条件。从理论上来说，西欧各国和意德两国寻求解决之道的做法可能大相径庭。然而，她们的问题在根本上是一样的；光凭这一点，她们解决问题的方法（无论在细节有什么差异），在根本上就不会相差太多。

作为极权主义目标与极权神话表现的案例，德国在我们分析中的重要性高过意大利。这不是因为德国是超级强权而意大利只是二流国家，也不是因为德国是世界和平最主要的威胁；而是因为纳粹主义才是真正的极权主义革命，而意大利的法西斯主义只是模仿者。从历史的先后顺序来看，这种说法似乎有误。然而，在纳粹主义出现之前，就整体观之，墨索里尼一直顺利地控制着法西斯内部的革命力量。相形之下，纳粹主义则一开始就以革命运动的形式出现。况且，德国暴露出现代工业社会的所有问题；而意大利直到经济大萧条之时，大致上还停留在早期资本主义阶段。最后一点，希特勒一开始毫无疑问是务实的，而意大利人的性情却让墨索里尼好一段时间表现为戏剧动作和历史舞台的道具。

尽管墨索里尼先登上历史舞台，但纳粹主义才是建构新社会、新信条，以及新人类概念的领导者。意大利的法西斯主义逐渐沦为不情愿的追随者，因为它选择路径的权力，几乎被剥夺殆尽了。纳粹主义才是真正决定性的案例，它的成败，也将决定墨索里尼法西斯主义的输赢。

第六章

法西斯主义下的非经济社会

尽管没做什么宣传，但意大利和德国的极权主义最根本的特征，都是试图以非经济取代经济满足、经济报酬和经济考虑等工业社会用来判断个人身份、功能及地位的基准。

非经济的工业社会，构成了法西斯主义的社会奇迹，在这个奇迹下，使工业生产体系（当然还有经济面不平等的生产体系）得以维持，且合情理。这同时也是最紧迫的任务，至少在德国是如此。到了1932年，德国资本主义的生产制度显然不可能继续运作，但也不可能被其他任何体系取代。在经济萧条的高峰期，德国所有政党之中，只有共产党员力主废除资本主义体系（德国社会党人多年前就已接受资本主义），得票率却不到百分之十五；甚至，他们还分裂成左派革命与右派工会两种路线。然而绝大多数的德国人，尽管失去了战后对社会主义的信仰，却也同样对资本主义制度感到绝望。他们既不希望资本主义复苏，也不愿见到社会主义革命发生。心灰意冷至此，他们简直巴不得天下大乱。最重要的是，他们已经很清楚地意识到：这种阶级与阶级之间难以避免又僵持不下的战争，终究徒劳无功。

墨索里尼直到1934年才发觉自己也面临这个问题，虽然从1925年社会主义反对党领袖马泰奥蒂（Matteoti）遭到刺杀，掀起几乎要推翻法西斯政权的风暴后，法西斯党内就开始出现主张极权主义的派系。然而，从1934年起，意大利跟德国一样，也必须找出一种准则，一面维系工业社会的形式和生产方法，一面消灭社会基础中的经济因子。

关于法西斯主义的本质与功能，有许多问题引发热烈的争论；只要找出这个任务的本质，便可获得解答。

首先，很明显的是，追究是哪个阶级促使法西斯主义掌权，并未切中要点。促使法西斯掌权绝不是单一阶级能做得到的。说是一群冷酷无情的企业家支持希特勒和墨索里尼，或说是极其劳苦的群众支持他们，都背离事实，也接近事实。每个阶级一定都有少数人士支持这两人。

虽然墨索里尼比希特勒得到资本家更多的支持，但长年以来，墨索里尼还是必须对抗意大利最有势力的资本家集团——该集团以举足轻重的意大利商业银行的特普利茨(Toeplitz)为首，成员包括与该银行结盟的几家工业公司。

希特勒一直遭到绝大部分工业家和银行家的反对，直到1932年末他的成功看来不成问题以后，才有所改观；此后，资助希特勒成了一件值得审慎评估的事情，一如1920年代初期，产业资本确实资助了社会党人，却未表态“支持”一样。但1929年以来，少数极具影响力的个人工业家如蒂森(Thyssen)或基尔多夫(Kirdorf)等人的支持，多多少少促成希特勒日后的成就——尽管这些人的重要性比一般认知的小得多，比起占多数的反纳粹工业家的重要性更是微不足道。纳粹主义真正决定性的后盾，来自中下阶级、农民和劳工阶级等受到恶魔般的自然力及社会的非理性打击最重的人。就纳粹党而言，我们有充分的理由可以确信：即便在1930年之后，该党至少有四分之三的资金来自多由失业者和农民所支付的周会费，以及群众集会的入场费——而上层阶级总是不见人影。

其次，极权主义到底算资本主义还是社会主义，是没有实际意义的问题。因为它两者都不是！发现资本主义与社会主义均无效后，法西斯主义遂跳脱两者之外，寻求另一种不以经济考虑为基础的社会。这种社会唯一对经济的关注在于让工业生产的机器维持良好运作，谁出资、谁获利都是次要问题，因为经济方面的结果全依附于主要社会任务之下。

敌视资本主义赋予私人利益的至高地位，又敌视社会主义，这种明显的矛盾尽管看来胡里胡涂，却始终如一地表达了法西斯主义的真正意图。法西斯主义和纳粹主义都是社会革命，但皆非社会主义者；他们要维护工业体系，却也不是资本主义的信徒。

就像许多革命领袖前辈，墨索里尼与希特勒也有可能不了解他们革命的本质。由于社会需要，他们不得不发明全新的非经济的东西来满足民众、建立区隔，最后端出新社会政策，想在工业生产体系中，建立与该体系肩并肩共存的包罗万象的非经济社会。

朝此方向迈出的第一步，是将经济特权下的非经济附属品提供给贫困的下层阶级。多半由工人在闲暇之余组成的法西斯组织策划，包括意大利的“下班后”（Dopo Lavoro）、德国的“欢乐力量”（Kraft durch Freude）。当然，这些强制性组织根本上是政治控制的手段，控制那些可能暗藏危险、怀有敌意的阶级。这些组织布满了警方的眼线和政治宣传者，任务就是要防止工人集会，除非在监督下进行。这些组织提供的诱因其实就是贿赂工人，但不是以经济报酬来贿赂（这是很重要的特征），尽管经济报酬的贿赂是从罗马帝国到苏联共产主义政权都证明管用的传统方法。虽然就金钱来看，经济报酬应该比较便宜，但是这些由工人在闲暇之余组成的法西斯组织，除了政治宣传、一般政治教育与专业技术教育课程外，还提供成员种种满足感：给他们戏剧、歌剧和音乐会的门票，假日带他们畅游阿尔卑斯山或出国度假，冬天到地中海和非洲、夏天到挪威北角旅游等。换句话说，它们提供了典型非经济的“炫耀性消费”，过去只有坐享经济富裕及特权的有闲阶级才能有此享受。这些满足感本身不具任何经济价值，却是社会地位的有力象征。它们想以社会平等为手段，弥补劳工阶级长久以来受到的经济不平等。大批劳工阶层因而接受它们，特别是在德国；连最坚定的马克思主义者都认为，在德国，文化满足感比许多经济报酬更崇高、更重要且更有价值。因此，这些休闲组织在阐明法西斯主义的任务上，发挥了明确且非常重要的作用。它们使现今的经济不平等，比过去那令人难受的情况好得多。

然而，这些组织却无法让经济不平等看起来有意义且合情理。它们只能缓和问题，却没办法解决问题或偷偷把问题变不见。因为在这个共同体中，不同阶级的社会功能和立足点仍是不平等的。这正是社会有机理论重新出现的原因，该理论宣称：由经济不平等、立场敌对阶级组成的社会，亦能保持和谐。当然，运用这个表示“在一个社会有机体中，各阶级是同样不重要也同样不可或缺的成员”的理论，是防止阶级战争的老方法之一：它曾被用来劝阻古罗马平民发动一场革命性的静坐罢工。然而，在本质上，法西斯党员的有机理论和古罗马人的理论完全不同，也与19世纪的浪漫主义运动大相径庭。过去，将政治体系比喻为人体，向来是为了强调不同阶级具有相同的经济功能及重要性，来解释当时非经济的社会不平等。相反，法西斯运用有机理论的目的，则是要创造出一种非关经济的社会重要性、社会地位与社会功能的平等，以此平衡各阶级在经济上的不平等。

格外引人注目的是，法西斯主义原本是想原封不动地接收旧理论，以作为经济和谐确实存在的证据。极权主义理论把社会划分成许多经济“阶级”(estate)，这种阶级在传统上被视为经济单位，且应可互通有无。然而在极权主义国家的政治和社会现实之下，这种“阶级”成了社会单位，需要的是本身的社会特性、社会功能与社会平等，且完全独立于经济功能、经济贡献之外，也不具有必要性。德国的“农民阶级”被授予一个独一无二的地位，也就是“德意志民族的脊梁”，不仅享有完全的社会平等，甚至拥有明确的(虽然也是不均衡且无形的)优越社会地位。无论对国家经济的贡献度如何，农民都能享有这种地位；这无非坦承农民是一种经济负担。然而，正因为小农民的经济效用非常令人质疑，也因为即将于农业发生的工业革命正威胁到他们的经济生活，所以从国家的观点来看，没有比强化其社会地位更重要的事了。农民阶级不仅受到特别法的保障，不断在公开演讲、集会和象征性庆典中为人称颂；更令人印象深刻的是，城市中的男孩和女孩，依规定必须安排时间到农场工作，接受农民的指挥。农夫从这些不必付钱的劳动支持和其他种种经济补助中获得的经济利益可不少，但这些利益绝对无法弥补农民的经济地位因政府实施强制作物调节而每况愈下的处境。然而，农民的社会地位已经与经济地位脱节了，而且，根据法西斯的说法，正是这种社会地位决定了农民在社会中的身份和功能。

同样，还有很多行动的目的都是为了切断其他阶级的社会地位和经济状况之间的关联，并将其社会地位建立在非经济面的考虑上。原本专属社会主义的国际劳动节，成了劳工的嘉年华，又被提升为纳粹主义最重要的节日，象征了劳动阶级在社会上显著、必要及平等的地位。劳工被纳粹誉为国家的“精神支柱”，决定了法西斯主义努力发展的新人类概念（也就是所谓的“英雄人物”）：有着自我牺牲的准备，懂得自我训练、自我克制，并拥有“平等的精神”——而这些特性均与其经济地位无关。一如强制性的农业工作是农民社会地位优于都市人的象征，所有青少年不论经济地位都必须从事的劳动服务，也象征着劳工的社会地位优于有产阶级。

将中产阶级区隔出来的，则是另一个要求社会地位平等、主张社会地位不可或缺的非经济因素。中产阶级被称为“民族文化的带头者”。所谓“领袖原则”（fuehrer prinzip），也就是个人领导上的英雄式原则，更加强了工业实业家的社会地位。当然，这个原则也宣称完全以非经济面的特性为基础。领导者的社会功能和地位，并非从他的经济功能和财富而来。领导者必须在精神层次上证明自己具有领袖资格、达不到这个标准就必须被夺去其经济地位；这些似是而非的言论，除了法西斯主义的创造者认真看待外，很多民众也信以为真。

法西斯民兵（Fascist Militia）、冲锋队（Storm Troops）、精英卫队（Elite Guards）、希特勒青年团（Hitler Youth）等半军事组织，与许多妇女组织都有同样的非经济目的。这些组织团体对军事有多大帮助，着实令人怀疑；德国很久以前就放弃利用它们作为预备部队的想法。但随着军事价值逐渐降低，它们对社会的重要性却与日俱增。它们的目的是提供非特权阶级一个重要的生活领域，在这里由非特权阶级发号施令，经济上的特权阶级只能听令行事。纳粹冲锋队和法西斯民兵最关切的事情是：让职务升迁完全不受阶级差异的影响。来自全社会的成员齐聚一堂、相互混杂。老板的儿子，甚至老板本人，都可能被刻意安排成为技术不佳但党龄较长的劳工的下属。同样的原则也被应用于儿童和青少年组织。在德国，传说富家子弟不准进入奥登斯堡这间纳粹党训练未来精英的高中就读，尽管官方宣称选学生只看健康和忠诚度。一位在纳粹党位居要职的富有德国工业家，以及一位曾在“进军罗马”（March on Rome）事件前支持墨索里尼的意大利银行家，不约而同地告诉我：他们决定将小儿子送去念军事学校，否则这些孩子肯定会在社会被人刻意排挤，也会在青年义务性组织当中遭到指挥官与同侪的故意侮辱。

这种利用军事组织来弥补个人经济不平等的方式，在德国的妇女组织中尤其明显。由于这些组织没有真正的军事目标，为了满足经济上的嫉妒心，它们可以无所不用其极。地方分支的做法显然超出总部所希望，因为“纳粹妇女联盟”（Nazi Women's Bund）的最高指挥部一再明令禁止这种只因有产阶级成员享有经济特权，就对他们用刑的行为。不过还是不断有消息传出，某些“共产党的煽动者”滥用领导权和他人的信任，刻意迫害富裕的成员。意大利的发展情况也非常类似，只不过程度较轻微。

这些为了满足所有阶级的社会嫉妒心，并赋予各阶级明确的非经济优势的做法，远比单纯套用资本主义或社会主义的观念来得成功。这些做法相当程度已经为下层阶级创造出真正社会平等的感觉。而中下阶级的感觉，又比具有阶级意识传统的劳工更为强烈。一般来说女性比男性更有这种感觉；尚无谋生能力的年轻人，也比成年人更重视这种感觉。但在某种程度上，这种感觉对所有阶级、所有年龄层和两种性别的人都起了作用。唯一仍明显对此存疑、不愿见到新的非经济社会地位愈渐优越，取代了原本由经济决定社会地位的阶级，就是企业家和工业家阶级。在新的非经济基础中，他们感觉到有人力图剥夺他们原有的经济内涵，只留一个空洞的荣誉头衔给他们。企业家和工业家是唯一仍笃信经济人社会的团体——因为无论就经济或社会层面来看，他们都是既得利益者。但其他深信唯有让社会地位脱离经济地位才能获益的阶级，都非常愿意接受洗脑。

但这些措施充其量只是实物贫乏的替代品而已。它们固然弥补了经济不平等的现况，却无法让经济不平等不再成为导致社会差异的因素。它们的效果就像保险一样，在车祸中失去一条腿的人也许可以得到足额保险给付，但不管赔偿金多高，也不能给伤者一条全新的腿。因此，即使极权主义的措施全部成功，仍然不够。理论上，它们或许可为所有阶级建立社会基本原则上的平等，充分弥补他们无法避免、坚不可摧的经济不平等。但这些措施却无法提出一套明确的、有建设性的社会组织原则，在非经济价值秩序底下的非经济社会中赋予个人地位与功能。这方面的失败充分反映在这些半军事组织影响力渐失的事实上——尽管它们的成员人数稳定增长，也愈发强调要满足世人的社会嫉妒心。建立这些组织的“激进分子”大半在1934年的“整肃罗姆行动”(Roehm purge)中遭到杀害，其地位也已经被革命性更强、更激进的分子取代。但光是用非经济的方式来弥补经济不平等的情况，并不能满足这些新的极端主义者。面对从未间断的不平等及经济决定一切的工业社会，他们决定以非经济的基础建立一个全新的社会，赋予非经济基础至高无上的地位。

建立全新非经济社会的行动，可追溯至大战期间及战后数年间。人们基于那种能跨越一切经济藩篱的共同战争经验，自发性地组成许多非正式、无组织的小团体。甚至在大战之前，德国青年改革运动就想要藉由青年浪漫主义的共同经验和狂热，发展出这一类团体。在这类团体中，人们对于呆板习俗的反感，成了社会组织的非经济面基础，人们希望藉此渗透、革新并复兴整个社会。然而，纳粹党试图以同一原则建立半军事组织未果，这个经验证明了社会不能建立于纯粹浪漫的概念上。尽管“人际组织”(Maennerbund)在法西斯的词汇中仍扮演相当重要的角色，却无法在社会层面起任何作用。最后，人际组织瞄准了另一个能在其间建立逼真的非经济基础的领域：全民皆兵的国家。因为，除了教会之外，实施全民征兵制的现代化军队是现代社会中唯一不必用经济地位来界定功能、阶层与荣誉的有机体。

因此，极权主义的国防经济(将全部经济与社会生活划归军事的架构)一面用来实现极其重要的社会目的：提供非经济的社会基础，一面让工业社会的表面保持原状。同时，它也用来实践一项同样重要的目的：创造充分的就业机会，由此驱逐失业的恶魔。这当然不是说，意德提升军备之举没有任何军事目的；就算其终极目的被认为是完全为了社会，但如此庞大的战争机器所造成的压力，最终必将导向军事用途。话说回来，军事组织也不可能有所谓“百分之百的军事目的”。军事组织不仅和其所反映的平时社会建立在相同的原则上，也用以履行相同的社会目的与理想。拿破仑大军当然有最明确的军事意图，但其组织的确忠实反映出法国大革命之新社会的形式平等——人人都有机会拿到元帅的令牌。拿破仑大军还履行一项极重要的社会目的：在战场上，形式平等就是真正的平等。至于起身反抗拿破仑的普鲁士和奥地利自愿军，在履行对抗法国之军事目标的同时，也履行了社会目的：解放普奥的中产阶级。同样地，英国在世界大战期间实施的征兵制度，虽是纯为军事目的制定，但也破坏了(至少大大削弱了)贵族的特权地位。而征集妇女加入战争工作，也让她们取得投票权。在这种全民皆兵、全天候备战的军事组织中，社会目的是多么显著啊!

此外，意德皆然，只要军事考虑与非经济组织的崇高社会目的相冲突，就必定以后者为重。意德军方将领与法西斯或纳粹激进分子之间举世皆知的对立，或许可以看成贵族阶级对暴发户的嫉妒。早在纳粹党掌权之前，德军参谋总部就已决定不要恢复采用征兵的大规模军队；他们认为，那种军队模式是严重的军事退步，完全不适合现代的战争形态。世界大战以来，他们理想中的模式是小型、训练精良的特许军力，包含长期的职业军官与技术人员，另比照瑞士模式，征集一批只需训练数周到数月不等的民兵为补充兵源。依他们的看法，这样的民兵部队足以防卫边境，亦足以巩固高度机械化的小型机动作战部队所赢得的成果。如此一来，德国应可避免重蹈第一次世界大战的覆辙——因为无法供给一个无机动性的战争机器而战败。至于意大利的最高指挥部虽然长期以来无法公开表态，但其“总体战”的原始概念和德军是一样的。意大利在埃塞俄比亚和西班牙的作战经验，应该都强化了这个观点。然而，意大利和德国最后还是选择建立大规模军队。

就军备重整而言，德国人普遍知道，最高指挥部一直从军事观点将“军事专制”(military autarchy)斥为灾难。据说参谋总部的首脑甚至考虑采用英国的方式：藉由透过设立“影子工厂”、储备原料和货币来创造战时的生产潜力。但另一方面，德国社会体制却耗尽了所有原料和外汇储备来生产大量的武器——很快就过时的武器。这项传闻有以下事实为证：德军最高指挥部两度急转弯，都是因为军方将领不愿在国防经济组织这部军事机器下承担战争的风险。值得注意的是，唯一衷心愿意与国防经济合作的德国部队只有空军——这个新建军种的成员几乎全部来自中下阶级；而在陆军和海军中，这种背景仍旧很难升到指挥职位。

国防经济的实质内涵，就是要让所有的社会关系遵照“上级与下属”、“军官与士兵”这样的关系模式。它企图以军令的权威取代经济特权；以军事奖赏的殊荣取代经济报酬；以军队的荣誉代替私人的利益动机；以单兵的功能取代生产线工人的功能。它认为，经济依赖关系中的屈从、经济报酬中的不平等，以及大量生产工业下的纪律，均不是用来满足经济目的，而是用来实现军事目的。国防经济将整个国家视为一支军队，它不能容忍任何“平民百姓”存在——嗷嗷待哺的婴儿亦然。它必须令新闻记者也穿上军服，因为没有军事组织的位阶，它就认不出任何一项职业。它必须令雇主服从军事的荣誉信条，令他们对戒严令负责，因为雇主对工人的权威，必须以他在精神与技术上适不适合作战为基础。

乍看之下，国防经济一如马克思主义者宣称，只不过是个幌子，以掩饰资本主义征收制度完全奴役工人的事实。它剥夺了劳工一切的自由，铲平了工会，不允许工人罢工；要工人工作多久，他们就得工作多久。他们不得要求雇主，不得自行换工作。他们未经许可不得搬出城镇，当然也不能出国。受薪阶级员工普遍受到类似的对待，以至于乍看之下，他们在社会及政治上的“无产阶级化”，完全符合马克思主义关于“劳工在资本主义下之末路”的预言。

然而，这项社会组织的新原则也暗示了，无论这场“经济战争”会造成什么样的牺牲，都必须由特权阶级率先承担；这与军官在战争中必须身先士卒才能提振士气是相同的道理。如果这场“经济战争”有损失惨重之虞，“经济军官”就必须鼓舞前线的斗志，才能平乱。我们可以说，正是因为国防经济采用了这个原则，才让上层与中上阶层后来真的变得一贫如洗。

国防经济的原则也需要雇主像“总司令”得到众官兵服从一样，要求工人顺从自己。在这个阶级制度中，从最下级到最上级的每个成员，都不允许有任何独立自主的决策空间，必须盲目地遵从上级的命令。换成经济学用语，这意味着雇主不再拥有任何自由及控制权。雇主也必须遵守所有的命令，不得有异议，即使个人经济利益受损，也必须顾全整个社会大军的利益。工业家不再是他人咨询的对象，而只能接受未加说明的命令。命令不再来自经济过程的当权者，而来自经济过程之外或凌驾其上的力量——如参谋总部或一位政府公务员的命令。此外，雇主也有义务接受身体和经济方面的“转移”。换成经济学用语，这意味着只要政府要求雇主处置财产，雇主不能有第二句话；也意味着政府可任意决定雇主的工厂应不应该关闭，或者要不要加倍生产。

事实上，业主和他的劳工一样不自由。未经政府同意，业主不能雇用也不能解雇工人，也禁止向竞争对手挖角。有人会告诉业主该付员工多少工资。他的产品要卖多少钱也已经决定了。在几种大型工业(如建筑材料业、制鞋业、肥料工业等)中，他们接单生产的固定价格往往远低于成本。如果是政府的订单，则政府仅需强行征募业者，告知他们该生产什么、价格多少即可。顺便一提，有高达百分之八十的订单是来自政府的。在出口产业中，一家出口业者该不该接受订单，又要为整个产业贡献多少出口补助金，都是由一个没有出口业者参与的委员会决定的。产品的数量和质量，都由上级的订单决定，而业者不能不理会上级的命令，因为一旦超过时限，业者不但拿不到原料，也失去了信用。业者的生产并非由任何贸易因素决定，而是视其产品对整体经济的重要性——偶尔还会为了维持充分就业而调整。有个例子说明了雇主完全屈从于非经济极权主义的事实：1938 年夏天，所有最优秀的工人都被征召修筑防御工事；在缺乏工人的情况下，工人原来的雇主不但要继续付他们薪水，还得继续营运。

虽然资本家已完全丧失控制权和自主决定权，但由于这种制度仍保留了私人获利原则，因此还是有人称之为“资本主义”。依我之见，保留这种原则之举完全证明不了什么。在现代经济环境下，私人获利已不再是构成社会的基本要素，充其量只能算是一种润滑剂，让整部经济机器运转得更顺畅而已。此外，在法西斯国家这类封闭经济体中，由于禁止资本输出又执行强制投资，利润低到刚好能记账的程度。极权政府一开始没有废除私人获利，而是让它们再一次在经济体系中流通，结果却以税收和强制借贷的方式收回。此外，在德国和意大利，获利完全附属于国家（军事）利益及充分就业的需求下，使得维持获利原则纯粹只是纸上谈兵罢了。获利连自主性都谈不上，更别说是经济活动至高无上的目标了。在大多数情况下，利润只是管理费的代名词，但要获利还有个条件：在法西斯主义底下，一切风险概由业主——管理者承担。意德两国还有一股明显的趋势：消灭非管理阶层之合伙人与股东的所有权及分享利润的权利。企业的经营者，不论是所有人或只是受薪的执行者，都不必对外界的股东，甚至是非管理阶层的最大股东负任何责任。如果企业经营者在获利许可之下不愿支付股息，而愿意投资公债，那么政府就会允许他留给自己一笔可观的红利。本文撰写之时，德国正在讨论一个议案，看是否要迫使银行为支持政府而“自愿”放弃享有股息的权利。由于银行几乎是德国所有股份有限公司最大的非管理阶层股东，更是半数公司的最大股东，因此这个提案将在完全不触及私人利润的抽象原则下，废除一大部分的私人企业利润。

无论这种经济体系是什么，它绝对不是资本主义。它只是一种已将经济基础铲除殆尽的工业生产体系。每个人都须以国家利益为前提——

以迫切的军事需要与军事组织等形式表现出来的国家利益。当然，还是有人从中牟取暴利：军备生产商、“黑市交易所”中的外汇交易商，以及以百分之十五的利息和百分之二十五的利润为条件、提供资金给犹太企业进行“雅利安化”的人等等。然而，这些都是战争经济而非资本主义的现象——不论这种经济体系的结构是否会引发战争。不管怎么说，只要哪个政党高干需要钱，这些牟利者还是常被压榨。

只要对其他阶级——农民与具备专业的中产阶级——的社会地位加以分析，国防经济的非经济结构就会更明显。

在意德这两个法西斯国家施行的农业组织化，是第一个也是长久以来最激烈的一个干预经济力量自由发挥的手段。在这两国中（尤其是德国），工业革命对农业的威胁都已经到达一个临界点，让政府免不了对农业的社会结构进行干涉。大规模工业组织的引进，使得大部分德国农场纷纷转型为制造高质量食品的加工厂，利用廉价的进口原料满足出口需求与国内消费。其他少数农场则转型为制造劣等农业原料，如黑麦、马铃薯和甜菜的工厂。在意大利，“谷物加工厂”与“高级食品加工厂”的比例则与德国相反。然而在这两个国家，无论是自耕农还是大封建地主，都已经在经济进步的名义下被消灭了。他们的位置已经被资本密集、雇用大量周期性无产阶级劳工的企业给取代了。

这种为了“进步之神”而牺牲自身安稳的做法，对农人和大地主来说毫无意义，因为这种进步已经失去了它的社会承诺。因此农人和大地主一致反对工业化。之前一直相互为敌的小农民与大地主，如今基于共同利益而联合起来。尽管如此，革命性的经济力量还是迅速取得进展。在德国，以进口原料及无一技之长的劳工为基础的工业组织，攻取了西北部的肉猪饲养地区。在东部，“谷物加工厂”开始对庞大的庄园构成威胁。在西南部，水果种植区也变成资本家和实业家的企业。在意大利，工业化组织早已进军北部平原；谷物加工厂也陆续在南方设立。为了捍卫自己的社会地位，农业人口被迫发动反抗其他阶级的战争。而政府为使经济进步落实于农业上，不得不对抗农民的叛乱。为防止工业化力量的胜利，政府也必须为现有的农业组织提供经济支持，并赋予新的社会内涵。但农业组织不可能继续坐以待毙；况且，由于其他阶级都不认为第一选择非经济进步不可，因此，农业组织化势所必行。

在意德两国，农业组织化都是在“军事专制”的口号下进行，但也都与战争经济的迫切需要背道而驰。为确保战争期间的产量及产能都能维持巅峰，德国和意大利的农业都必须建立在大规模生产的基础上，这点和经济进步所需要的十分相近。在工厂体系下进行资本密集的食品制造，是意德两国希望能在战时筹备足够粮食又不致减少战斗人力的唯一方式。当然，军事效率不同，所要求产品质量高低的比例也会不同。德军会要求供应更多低质量的食品，意大利则相反；但两国秉持的原则应该是一致的。

这些迫切的军事需求仅在一个层面获得满足：原本生产高质量商品的农民被迫转而生产大量农作物。除此之外，农业组织化根本不在乎经济或军事上的需求。因此，农业组织化表面的军事组织形象，只能用来当作维持现有经济表面和社会表面的理由。农民进行“战斗”；他们是“德意志第三帝国的先锋”，或说是军中强化国家前线的步兵部队。这种虚拟的军事功能，加上农民阶级作为“民族脊梁”的非经济任务，正是家庭农场得以继续作为生产单位的原因。这也是大庄园被保留下来的理由——只要庄园是“所有人自行经营的”。于是，农场变成不能让与的——不可被分割、买卖或抵押。农民必须留在自己的农场，不准离开，甚至不得与他人交换农场。既然只有这个准军事组织可以证明现有农业社会继续存在的正当性，它当然会要求农民完全服从、盲目地遵从命令。组织要农民生产什么，他们就得生产什么；如不遵从命令，就等着军事法庭审判；而且，农民还须以政府订定的价格，把产品卖给他的军事国家。在保住社会地位的同时，农民已失去了所有经济自主权。

最后，极权国家也必须将不受约束的专业人士纳入社会体系中。从军事观点来看，这其实是多此一举。军队也可以像封建社会、资本主义或社会主义一样，让专业人士为自己的目的服务。然而，专业人士这种

“不受约束”、能融入任何一种社会秩序的特点，令极权主义非得摧毁他们不可。专业人士能独立自主，是因为他们本身具备了非经济的社会内涵——因此会威胁到极权主义不可或缺的独占性。若是任凭专业人士来去自如、不去干预一个立基于自由概念的非经济社会内涵，无非是在“姑息养奸”——维护一个最后必将摧毁极权主义社会内涵的内部敌人。因此，国防经济最重大的现象，不是“法西斯和纳粹政权，把自由的专业人士转变成受薪的公务员”，不是“尽可能削减专业人士的数量与经济地位”，而在于否定专业人士的主张，否定他们从经济与社会体系之外取得的内涵。于是，法西斯主义开始戮力排除其他所有和社会地位有关的非经济基础，结果：法律、历史、医学和经济学的教学与理论，都必须附属于极权主义的原则；纳粹公布了纳粹版的物理学与数学理论以钳制“自由派”理论，也否定所有客观科学标准和所有绝对知识。照此，要为国防经济的非经济社会赋予一个完整的意识形态背景，让专业人士成为附庸，是必要且合乎逻辑的最后一步。少了这一步，极权主义将会自相矛盾；踏出这一步，军事国家的概念才得以始终如一。

极权主义社会将经济目标视为次要。在讨论其社会意涵的效力之前，有个问题必须先获得解答：这种社会之中的经济究竟为何，特别是可否将经济目标列为次要，而不致引起经济灾难。

极权主义的经济常被认为是个谜。人们也常用“奇迹”两字来形容它。事实上，它非常简单、非常理性、没有丝毫神秘可言。它是极权主义体系中逻辑最严谨的一部分，因为它完全建立在最正统的经济理论上。它与自由资本主义经济的根本差异，在于它的所有经济目的都附属于一个社会目标：充分就业。经济进步与财富增加，都是附带的产物。

极权主义经济的基本“创新”，很反常地，就是回归古典经济学最根本的宗旨：唯有增加生产资料的投资，才能创造就业机会。这或许听来有点老套，却是对现代经济理论最直接、最坚定的反驳，依后者的宗旨而言，经济活动就等于消费。纳粹在掌权之前就曾正式采纳过现代的“消费不足”（underconsumption）理论——认定经济萧条肇因于缺乏购买力。然而，现在他们的整体经济政策，却立基于完全相反的观点：经济萧条的起因是消费过多、对产品制造业投资太少。由此他们导出这个结论：要恢复充分就业，唯有增加国民收入在“储蓄”（而非被“消费”）方面的定额。这意味着，可用于消费的限额必须透过人为手段压低。极权主义经济的一大奥秘在于“管制性消费”（managed consumption）。他们成功压低了消费量，因此似乎得以“创造”出资本，用以投资生产资料生产；相形之下，民主政治用尽所有剩余资本，却无法透过提升民众消费量与购买力的手段，来达到充分就业。

这种管制消费的理论方法与施行方式，均非极权主义原创，而是几乎原封不动地沿用苏联的经验。虽然经济周期的消费不足理论是马克思主义的信条之一，但在希特勒上台之前，苏联曾经奉行与此对立的理论长达六年多之久。苏联从第一个“五年计划”开始，便一直透过人为的、强制性的手段来降低购买力与消费量，藉以筹措资本投资的资金。这些手段包括：以刻意压低的价格（让农民没有充分能力购买工业产品的价格）强迫农民生产粮食、强制性的劳动、强制性贷款与“自愿”捐款、所有消费物品的定额配给等等。另外，苏联也证明了：在管制性消费的经济模式下，政府必须垄断对外贸易，或至少要完全掌控对外贸易，才能防止可用资本被转移成无用的消费。这点相当重要，因为在将全副心力投注于生产资料投资的制度中，国内消费品的价格一定要比较高。此外，苏联的经验还印证了：这种制度必须搭配严格的外汇管制以防止资本外流，因为资本外流有碍于强制投资。最后，苏联发觉：这种不顾私人利润、仅将投资额极大化视为最高目标的政策，必须要对每家企业、每个产业的盈亏进行干预。因为，效果最好的投资，一定是以最低利润经营的投资。

先是在德国、后来在意大利，极权主义经济都有意无意地将苏联的方法和经验照单全收。但在实际应用时，共产主义和法西斯主义的试验之间，却有一个根本上的差异。苏联必须藉由降低农民和无技能工人的消费，来执行强制性的资本储备。首先，苏联除农民和劳工之外，其他成员很少，因为它是没有中产阶级的前资本主义国家。其次，随共产革命兴起的布尔什维克派军队及官僚等新统治暨中产阶级，必须得到经济特权、报酬和奖赏，因为共产主义乃立基于经济的社会概念上。各式各样的经济补贴，是苏维埃社会生活的一大显著特征（如在特定商店购物可以享受优惠的权利），藉由这种方法，特权阶级在全国进行强制降低消费的同时，得以完全或部分不受限制。反过来说，法西斯国家则有大量的中上层阶级，他们均享有一定的生活水平，而他们的消费量在高到一个会受到公开政治反对或真有挨饿之虞的地步时，就可能会大大降低了。况且，法西斯社会乃是立基于非经济的社会概念上——也就是"军事国家"的概念；由此它奉行了以下原则：特权阶级不但应该率先做出牺牲，而且他们正是因为愿意比他人做出更大的牺牲，才享有特权。在共产主义以经济为考虑的社会中，经济上的牺牲会降低社会地位。在极权主义社会中，经济上的牺牲不仅提高社会地位，还增强了指挥社会的权利与权力。我们可以看出其中的矛盾：主张经济平等的共产主义，却必须赋予某些人经济上的特权；而极权的法西斯主义，虽然保留了现有工业生产的不平等制度，却大幅降低了特权阶级的生活水平，以建立一个追求经济平等的明显趋势。然而，我们必须了解，这股趋势是不会促进社会平等的。必须先让社会层级与经济地位脱钩，经济才有可能更加平等。

我们也必须了解：经济更趋于平等，不一定代表下层阶级的经济地位获得提升。在法西斯统治下，最底层阶级的经济状况或许已经有所改善；之前惨遭失业打击的无技能或技能不纯熟的劳工，是恢复充分就业后的最大受惠者。整体而言，劳工阶级的收入已大幅提升，而个别工人的收入在德国并未减少，在意大利也只减了一点点。但工人增加收入的机会却被剥夺了——在工业活动和产量增加的情况下，收入增加是理所当然之事。他们固然没什么经济损失（尽管"自愿"给政党的献金扣掉他们不少薪水），但他们必须工作得更久，才能拿到同样的薪资。而且，要是他们在国民收入中所占的比率被维持在 1932 年的水平，那现在他们的收入就至少增加百分之二十了。光凭这一点，或许就能让投资商品制造业的资本增加约百分之十。

除了强迫劳工阶级牺牲外，有人试着用其他方式来解释极权主义的经济“奇迹”，可惜这些解释均与事实不符。它们自相矛盾的结果，只是把法西斯经济描述得更像真正的奇迹。藉由不准某个阶级获取利润而增加的投资额，怎么可能又从这项投资中产生呢?

事实是：其他所有阶级的牺牲，都远远超过劳工阶级。他们不但被骗走了利润，还被迫削减当前的消费。过去享有愈高生活水平，也就是享受愈多特权的阶级，消费额遭到削减的幅度也愈大。首先是收入的购买力骤降。德国和意大利都费尽心力地维持下层阶级民众手中马克或里拉的购买力。下层阶级人民的主食(德国人是面包、马铃薯、人造奶油、奶酪和啤酒，意大利人是谷类、奶酪和葡萄酒)的价格没上涨，产量也足供需求。但是肉类、奶油、新鲜水果、蔬菜、蛋类和牛奶这些属于中上阶层的高质量食物，不是停止供应就是愈来愈贵。几乎所有消费品都有同样的情况：下层人民的消费品数量充足、价格低廉，而上层阶级的高档商品不是短缺就是贵得不得了。与此并行的是定额配给。在德国和意大利，大部分的高级消费品都只能在指定的商店买到，而且每个人都只能买限定内的数量。

因此，极权主义国家和苏联一样，同样是国内的货币，却有不同的购买力——视货币使用者的社会地位而定。意德两国与苏联的不同之处，在于这两国的特权阶级手中货币的购买力，与其地位成反比。购买力降低的结果，造成“消费不足”而释出大量可用来投资的资金。然而，对于投资资本来源更重要的是：上层阶级现金收入的直接减少。典型资本家从资本投资中得到的收入已经锐减；资本家可分配到的股息固定在百分之六以下(某些情况下最高可达百分之八)。所有剩余的利润都必须用来投资公债，接着公债会被用于制造生产资料。意大利对于国内企业连续课征了三项资本税；而在意德两国，企业税都上涨到令人难以置信的程度。

除了企业收入遭到削减外，中上阶层每个成员的收入也减少了——部分是因为总收入降低，部分则是税负加重和强制捐款的结果。损失最惨重的是专业的中产阶级和小商人，他们的净收入最多减少了百分之六十。希特勒上台前，九千马克是普通内科医师的平均年收入，而目前多数德国医生，都“被预期”将收入超过六千马克以上的部分捐献给纳粹党。类似的“期望”也发生在律师身上。一位住在中型城市、还算富裕的德国律师告诉我：自 1933 年以来，他的总收入已降低了约百分之三十五，而税负和捐款却增加了至少百分之六十，也就是说，国家取走了他将近五分之二的收入。公务员的薪水也大不如前。多数小业主都被迫转任待遇更差的政府员工，不管他们之前投资了多少资本、获得了多少利润，收入都是固定的。除此之外，“自愿性捐献”（额度通常由上级来规定）的负担仍持续加重。私人企业和国家机关中的专业人士和资深雇员，都“被期望”至少交出百分之十五的薪资（通常更多）。

大部分（就算不是全部）的商人和实业家同样深受其害。毛利固然有所增长——虽然比不上工业活动扩张的速度，但多数情况下，个人企业家的净利却大幅减少，因为一位成功的商人除了要缴高额的税金之外，还被期望能表达对当今政权的感激——方法是和国家及政党“分享”收入。他的捐款（不含税负）可能高达总收入的百分之四十；要逃税可比逃避那些告诉他该缴多少钱的温和建议来得容易，尤其捐款金额可是不能讨价还价的。

以上所有措施让极权主义国家得以削减约四分之一的消费额，并使可用于投资生产资料的金额攀升一倍。一半以上的年国民收入就这样“省下来”了！这也正是像德国这么一个明显依赖国内资本的经济体，储蓄和保险契约却能持续增长的原因。

除了以削减消费作为创造充分就业的方式，极权主义经济还可迫使闲置产能与现有储蓄投入生产。为达此目的，法西斯主义必须善用一些“技巧”（这是苏联从一开始就忽略的问题）。首先，资本市场禁止所有私人借贷行为，让政府得以完全控制贷款，防止国防经济生产资料以外的投资。同时，在银行、储蓄银行和保险公司中的每一笔存款，都被迫投资于政府公债，作为扩充军备的资金。制造商必须将储备金交给政府；在依政府订单交货后，还必须接受政府以长期债券作为报酬。除非能证明手中已经没有储备金，才能出售这些票据或将其贴现。这类票据在银行快速累积的现象表示，到现在为止，多数厂商已将全部储备金用来投资这些强制性公债。

最后，各产业更直接被迫提供投资生产资料的资金。替代产业、低等级的铸铁厂以及煤矿氢化工厂，都是透过直接征税而获得资金的。但私人工业不但无权分享利润，还须承担所有风险。而且企业主还被迫自掏腰包，透过支持公务员、纳粹(或法西斯)党干部及私人机关员工从事“计划经济”的掌控工作，来直接替国家创造就业机会。在德国，大约需要两百万人(也就是全国百分之十五的就业人口)来进行这种掌控工作。

与一般人认知相反的是，德国对犹太人及天主教教会财产的征收方式(后者即将展开)，并非采用同一种模式。犹太人和天主教教会的财产除了远低于最保守的估计，更已全部用于投资，所以，就算征收他们的财产，也提供不出额外的资本；如此一来，经济上的成果只有减少收入，也就是降低财产前任拥有者的消费。减下来的金额相当可观，何况德国还将征召所有犹太裔男子从事拘役式的强制劳务，这就等于增加了一笔庞大的投资可用资本。但这些措施所引起的经济混乱使投资总资本缩减的比例，可能还高过继续运用征收和廉价的强制性劳力、让投资总资本增加的比例。因此，之所以进行这些财产征收，并不是基于经济上的考虑，而有其社会和政治上的因素；经济结果只是附带的产物。我们稍后就会发现，与一般看法相反的是，整个反犹太政策并非出自德国人对犹太人经济方面的妒忌，而是建立在完全与经济无关的社会和政治考虑上——这点甚至更适合用来解释德国反天主教的原因。

极权主义的主要目标——充分就业，在两个极权国家都已实现。虽然有许多失业者其实只是被偷偷带出经济过程而投身军事和政党服务，但这丝毫无损充分就业之成就。因为这些失业者有真正在工作，甚至受到重用的感觉；而这正是唯一值得重视的事情。

要回答“极权主义经济体系会持续下去，还是走向解体”的问题，我们必须先了解：通货膨胀并非极权主义经济与生俱来的特性。相反，藉由吸收闲置储备金及减少消费来增加投资资金，必会造成通货紧缩。政府债务增加，只代表私人资产转移到政府名下，而非信用提升。事实上，极权经济不仅没有“创造出”信用，还可能反倒降低了国家经济的总体信用。就连纳粹德国公债的巨幅增长，可能也不比私人债务减少的量多。资金与银行存款的流动率，几乎已经确定趋缓。既然事实证明，总负债大量增加及资金流动率会造成生产力遽增，通货紧缩自然会造成反向收缩。原本情况会更剧烈，但反对锐减消费的政治势力数度迫使德国政府创造一些真正的信用——只不过，这些案例不痛不痒，无法推翻理论的经济概念，也影响不了实际的经济政策。

从经济观点上来说，这种经济体系显然远不如自由资本主义高明；一般人也认为，它也逊于为意德经济提供方法的苏联模式。苏联同样透过人为运作来降低消费，以释出投资资金，但这些资本乃是投入富有经济生产力的工业中。意德在这方面却没办法跟进——即使他们很想这样做。意德民众早已对经济进步失去信心，自然不愿为了富经济生产力的投资而牺牲若干消费。他们不可能为了在遥遥无期的将来获取更大的经济满足感，就被说服或强迫而放弃目前的满足感。人们一定要有非经济的目标才愿意牺牲。法西斯社会必须是非经济性的，它的目标必须是国防经济的军事专制。

理论上来说，苏联的投资资金应该要以利润报答民众的牺牲。早在进入无法进一步降低消费而让经济有崩盘之虞的危险地带之前，消费和购买力就应该要开始得益才是。苏联之所以未能将生产和配销组织化、之所以在压制私人营利动机与实施商业官僚制度后产生混乱，症结不在于这种体制的经济效力为何，而在于苏联本身缺乏管理这种体制的能力。另一方面，军备肯定不会产生什么经济价值；就经济而言，军备是浪费中的浪费。一个单凭大量生产军备来维持充分就业的经济，势必需要不断从消费中撷取补助。这种做法最终一定会走到消费无法再减少的地步。

然而，这个看似有理的论点，无论从经济或社会面来看都有谬误之处。首先，它只是个假设，认为花在军备上的钱比其他经济用途的开销更浪费。严格说来，只有一种投资真能产生经济利润：投资那些能生产比自己更具价值物品的物品。从这个定义来看，所有的消费(除了用来维护个人健康和工作能力，或为人类繁衍后代的必要消费以外)，都是不具经济生产力的浪费。如果像军备这样不具生产力的投资，资金来源是出自削减同样不具经济生产力的不必要消费，那么经济状况就不会改变。如果军备雇用的劳力多过制造无经济必要的消费品，那么军备生产本身甚至就是一项经济获利了。就经济面来说，投资究竟被用来生产收音机还是枪，完全不重要。

这其中的谬误是因为我们在政治立场上不赞成军备；反之，我们赞成平民消费，也将高水平的奢侈消费视为值得向往之事——道德上和社会上均是如此。但那跟经济毫无关联。只要投资军备的资金悉数来自节省非必要消费的收入，那么重建军备的政策，在经济面就站得住脚。唯有人们认为牺牲掉的奢侈消费比军备在道德上和社会上都更值得向往，或是消费降低到一个即将导致人民贫困的程度时，重建军备的政策才会危及政权。就经济上而言，极权主义制度可能还比在维持充分消费之下建军的自由资本主义制度更加健全。

但是，集中所有能量投资真正具有生产力之产业的苏联经济，与将经济上无用的消费转用于同样无用之生产的意德经济，两者之间岂无任何经济上的差异？针对这点，或许也有人会问：在一个不再将增加消费视为经济秩序之目标的社会制度中，“经济生产力”是否具有任何意义？因为，经济生产力只有一种意义：投资结果让消费能力获得提升。由于德国和意大利已正式(苏联则为非正式)放弃了“增加消费”和“提高生活水平”这两项经济目标，因此，经济生产力的论点，似乎不再适用于这三个国家。

然而，若以旧式的经济观点为判断基准，苏联的制度就不见得优于意德了。换言之，“只因为苏联说要为提高经济生产力而进行投资，其投资资金就一定不会需要物理可能性(人民减少消费)以外的牺牲”，这种说法纯属臆测。另一方面，极权主义国家无可否认地将所有资金投入军备重整，这不代表他们的一切开支都是浪费。德国和意大利投资的最大部分，已经迈向建立替代产业。现在，根据唯一可信的定义，一种产业只要是由国民收入补助、负责生产可从别处购得的东西(而且别处的产品更物美价廉)，就是替代产业；只要不是以外资信贷方式创办，每种产业一开始多少都可以算是替代产业。照这个定义，苏联整个工业化过程都是“替代型”的，因为当初苏联若是全力发展农业和原料出口，应该可以用低得多的成本、有利得多的条件，从国外取得质量好得多的工业产品。经济生产力的真正考验，在于一种产业能不能比它所取代的供货来源，以更便宜的方式生产。在这方面，德国和意大利的替代产业，看来远比具“经济生产力”的苏联投资，更具生产潜力。例如人造纤维、合成橡胶、氢化煤，甚至是以木材制糖等代用品工业，最终可能都具有经济生产力。毕竟人造丝、合成硝酸盐、塑料、甜菜、铝，甚至是水力发电，都是以“替代品”之姿开始发展的。苏联工业方面，除非投资制造业的资金不少于已灌注重工业的资本，才有可能提高生产力。要是继续耽误个几年，生产资料产业上的原始投资可能就会变得不合时宜，终致完全失败。在不久的将来，要筹募新投资的资本(外资借贷除外)，唯有缩减消费到无法再减为止，这种做法几乎毫无可能。

“管制性消费”经济的主要问题不在经济领域，而在社会和政治领域。只要民众愿意接受降低消费，只要他们认同那些为取代之前非必需消费品而生产的东西更值得社会向往，这个制度就可以运行。“枪炮取代奶油”并不是经济选择，而是一种道德和社会的选择。与一般人想法相反的是：降低消费并非极权主义社会的弱点，反而是它主要的力量泉源。降低消费正是使非经济社会维持平衡的方式。每个阶级的生活和消费水平都降低了，但下一层阶级降低的比例比上一层阶级来得小，这点就为“让非经济的奖赏取代经济奖赏”的方式，提供了经济的实质内涵。这种消极的经济补偿，正是极权主义非经济社会中最重要、最有效的社会满足感。它将持续让民众感到满足，直到（或除非）他们不再相信非经济社会全部的意识形态。就算会崩溃（如果真有那一天），也会是精神上，而不是经济上的崩溃。

然而，有一种例外情况必须说明：如果在消费与投资达成均衡、不必增加投资就能实现充分就业之前，就触碰到不能再降的消费底线，那么这个制度底下的经济就有失败的可能。正是极权主义经济的本质让这种均衡无法建立；最后，管制性消费经济必会触及这条经济底线。而到这个阶段所需的时间，常被严重低估。在和平时期，消费降低的趋势不会加速，而会减速。向贫困卷去的恶性螺旋，动力永远不会消失；但其速度会慢到一个仍可创造就业的程度。此外，消费降低的极限也常被资本主义和社会主义的观察家低估，他们倾向把高水平的生活视为“道德的善”。若说（如表面上看来）德国整体生活水平自 1932 年以来降低了约百分之二十，那么，在将中上阶层的生活水平降到原本受雇技术工人的水平之后，整体生活水平的恶化程度可能还得再加百分之二十五。德国官方估计，在全国的生活水平都降低到最低阶无技能工人或农民的生活水平之前（假定后者代表了不能再降的消费底线），全国总消费额可比 1932 年减少百分之六十。在意大利，当前消费水平与生存所需水平之间的差距比德国小得多，但意大利远不如德国工业化，所以不得不大幅减少就业机会，才有办法在每年缩减的消费都比德国少得多的情况下运作。由此可见，虽然经济损耗所引发的经济崩溃将是极权主义经济制度的最终结果，但这对于它的持续存在几乎没有实际而迫切的威胁，一如老死对于十八岁少年一般遥远。毕竟在这之前，有太多其他政治或社会方面的崩溃，都很有可能让遥远的经济危险变成政治现实。

最重要的是，意大利和德国都存在一个极可能加快消费的缩减趋势，迅速把消费降到生存所需水平的问题：原料进口的问题。当然，这不属于极权主义经济理论的问题。自给自足的国家不会有这个问题；但对意大利和德国而言，由于地理环境和地理位置特殊，使得这个问题就算不是唯一的也是最大的经济问题。

乍看下，要看出问题的症结并不容易。在传统经济学的基础上，生产的内部制度对贸易平衡应该不会有什么影响才是。然而，虽然这种说法在资本主义和社会主义的财富增长学(Economics of Increasing Wealth)底下是正确的，但在极权法西斯主义的贫困经济学(Economics of Impoverishment)底下，就与事实不符了。进口是唯一不能透过抑制消费或征用闲置储备金来资助法西斯经济的投资。进口物品必须拿出口货品来交易；出口货品又必须来自部分未投资生产资料生产的国民收入。在管制性消费经济下，这部分收入能透过人为筹集资金配额而减少多少，会决定用来平衡进口的出口货品生产，必须增用多少可供自由利用的、非投资性的国民收入。因此，就算进口物品维持不变，经济负担也会日益沉重。国人必须生产愈来愈多的国内物品、雇用愈来愈多的国内劳动力，才能提供与这不变的进口量相等的价值。而国内产品增产、劳动力增加的结果，进一步降低了多少消费，也会决定在此自我吞噬的恶性螺旋中，进口的负担会加重多少。

换句话说，降低消费所引起的贫困，会在贸易失衡和价格失衡的趋势中表现出来，而这股趋势会反过来让贫困加剧。与此发展类似的是农业债务国(agricultural debtor country)在日用品价格下跌期间的情形。为了获得债务所需的固定外汇额度，这些国家不得不出口愈来愈多的农业产品；这种做法造成供过于求而导致日用品价格跌得更凶。产品收入减少了，又必须再增加出口量，才能达到外汇原本的额度。但是，农业债务国可以藉由拖欠债务躲过“债务螺旋”，而不损害任何人的收入——除了它的债权国以外。此举可将降低消费的负担，从自己的肩上移到外面的世界。但是，如果依赖进口的极权主义国家想透过减少进口来躲避这个恶性螺旋，会出现非常危险的情况：这么做只会进一步减少可用于消费的国内资本，接着导致国内出口货品的生产成本进一步增加。最终，这不仅会抵消掉减少进口之利，甚至还可能造成国际收支净损。再来，以新国内工业的替代产品来取代进口的做法，也不见得有利。建立替代产业本身显然就需要资本投资，而投资必然来自可自由运用的国民收入，以至于国家在国际谈判上的地位，一开始会受到损害。而在替代产业开始生产后，只有在它不再是“替代品”，而以补贴、新投资和降价等形态，贡献出多于国家经济所需的产量时，才称得上对经济有利。就算产品成本较高、质量较差所引发的损失超出购买进口货品的储金，它还是可能有利。因为被它取代的进口负担可能(在多数情况是一定)远超过金钱表现出来的意义。然而，要是替代产业达不到上述的阶段(即就国家整体经济而言不再是“替代品”)，维持替代产业的负担，迟早将会超过取代进口之利，而变成永久性的净损失。甚至在替代产业投入生产一段时间、看来似乎真的有利可图后，这种情形还是有可能发生。替代产业会突然走到一个点，理应要减少资本投资却反其道而行。这可能只是暂时性的混乱，过个几年就会消除，但这也可能是永久性的，使得进口问题无法在经济层面获得解决。就算替代产业只是一时无法产生经济利益，由此而起的混乱也会是非常严重的问题。

任何一开始不是自给自足的国家(如苏联)，一旦实施管制性消费经济，都会碰到这个问题。这加倍适用于将生产资料投资集中于军备的国家，三倍适用于德国和意大利。在原料与劳力需求之间，军备几乎占了最大的比率；况且，德国和意大利更是严重缺乏军备所需的原料。假使他们是将生产资料集中投资于盖摩天大楼以提供充分就业，就不需要什么进口原料；接着他们就可以削减进口，将所有剩余进口物资用于消费。但是，既选择集中投资军备，他们就不能削减原料进口，而且还必须将进口的用途从消费移转到生产资料生产。于是进口负担倍增：首先是因为就算相对负担也不断累积，还是有必要维持绝对交易量；其次是因为进口的目的变成生产资料生产，对消费产生了额外的压力。

在意大利，这些发展的结果被战争所造成的更大经济损害掩盖了；自埃塞俄比亚战役起，企业就等于在战争中运作了。相对来说，在德国，我们就可很清楚地看到，这种仰赖进口的局面不仅让消费缩减的情形变本加厉，也让德国的国际经济平衡及国际购买力更趋恶化。

德国的整体进口量从 1933 年起稍稍下滑了一点；然而，相对于希特勒掌权前，有三分之二左右的进口物资用于消费，其余则用于制造更有价值的出口货物，现在则有三分之二以上的进口货物都用于军事和工业军备上。结果，制造出口货物的负担已呈现稳定增加。1932 年，制造必要出口货物所需的生产力还不到德国总生产力的四分之一。据最乐观的估算，当时的进口货物占了国内消费量的百分之二十五以上，而德国当时的国际收支还算平稳——虽然比起经济萧条前、顺差非常高的时期是衰退了，但仍相当令人满意。

目前，由于有名无实的国民收入增加，同时进口货物也稍稍减少，使得德国进口量平均不到年国民收入的五分之一。但这个五分之一相当于德国近一半的“自由”生产量——也就是没被资本投资占用的生产量。这样一来，在确实可供利用之国民收入上的负担，其实是增加了一倍。德国必须交出它自由货物产量的两倍，才能提供资金给不用来消费的进口货物。

这种情况也表现在德国贸易平衡的恶化上。更好的例证则是德国对出口商的补贴金额持续增加，目前的补贴总金额约占出口货物总值的百分之三十五；这种补贴显然是国内消费为供应进口原料的资金而缴的服务费。因此，它有助于进一步降低消费，继而使购买进口货物变得更加困难。其他交易方式，比方说在巴西买咖啡以交换国内生产的德国货物等等，也有同样的不良影响。巴西咖啡随后会在世界市场以非常低廉的价格抛售，以换取外汇来购买靠交换德国产品不能取得的军备原料。国内消费者必须承担的损失最大，因为德国政府购买咖啡的价格比世界市场的价格要高。她不得不以低于国外竞争对手的价格，来提供货物作为交换。

实际的情况甚至比这个例子还要糟糕。首先，德国可能会使出奸计——尽管只能用于一时，但只要还行得通，就可缓和现有的问题。她可以运用政治威胁，迫使巴尔干国家交出原料，交换它们用不着但德国容易生产的德国物品。德国强迫南斯拉夫接受足够用十五年的阿司匹林，作为后者提供铜和小麦的“报偿”。而希腊则拿烟草和葡萄干换到了许许多多的口琴。保加利亚必须认同一百万个没有镜头也没有底片的人造皮制的照相机，等同于她提供的烟草和肉类的价值。这些手段非常有效地减轻了进口压力(尽管为期不久)，把减少消费的重担，从德国人民的肩上转移到南斯拉夫、希腊和保加利亚人民的身上。其次，德国正处于替代产业开始产生经济利润的阶段，因为替代产业所取代的进口负担，还高过花在建设和运作上的费用。从1935到1937年底，相关的进口负担增加率已呈现下滑的趋势。德国经济学家原本希望能在1938年间达到稳定。从1938年起，随着非仰赖进口不可的物资可望逐渐稳定减少，进口负担也可望减轻。然而，事实证明这种预期是错的。因为在那关键的一点，替代产业失败了。它维持运作所需的投资，并没有降到消费品的产量以下。结果，相关的进口负担又再度遽增。这或许只是因为某一项新替代产业项目实施的时机不对，而产生的暂时性趋势；也有可能是个长久的趋势，表示德国政府没有能力使替代产业为国家经济带来利益。不管怎么说，这种不利的趋势还会持续一段相当长的时间，至少要等到新的项目到达关键阶段才可能停止。

进口问题扩大的结果，使得财产征收和降低消费的恶性螺旋更趋严重。在很多领域，消费都已低到不能再减的地步。光是出口补助金所征收的工业资本，说不定就比所有为生产资料生产而征用的闲置储备金还多。

但最危险的恶化情况发生在农业领域。纳粹农业政策之所以失败，原因并不在它无法生产足够的国内高质量食品(如鸡蛋、奶油、肉类和新鲜水果)来取代之前的进口产品。纳粹领导人也预料到这点。但是，他们认为增加国内低质量食品的产量(如谷类、马铃薯、甜菜和芜菁)就可弥补高质量食物的不足。他们沙盘推演出一个应该能成功的方法，结果却不如预期，这是因为家庭农业的经济目的附属于社会的意识形态之下。

而实际上，可供大众消费的粮食食品不增反减，因为增产的部分必须转用于消费以外的用途，比如储存起来以防发生战争，或是改制成工业用酒精以取代进口汽油，或是做成塑料制品和合成润滑油等等。如此一来，虽然总产量增加，消费却降低了——不仅是因为之前进口高质量食品，也是因为低质量食品的数量不再无足轻重。

虽然在人民生活无以为继之前，供民众消费的食物供应量还有继续降低的空间，但饲料的供应已濒临最低点。1933 年之前，约有百分之三十五的饲料仰赖进口。现在，饲料进口几乎完全停摆，外汇也已转用于进口军备原料。此外，尽管总产量增加了百分之二十到百分之三十，但用于私有牛只消费的国内饲料供应量却持续下滑。德国的饲料供应，几乎已经少到会让牛只挨饿的地步。现在的情况跟 1917 年一样糟糕，而且还有继续恶化的趋势。

但必须仰赖进口的农产品百分比并未减少，平均仍占总食品消费的百分之三十。当然，这百分之三十所代表的量小了很多，因为总消费量已经下降了。然而，为了让数量减少这么多，在经济方面所需投注的心力可不比 1932 年时小，反倒更大。做了这么多牺牲，依赖进口的程度非但没有因此变小，甚至更大。为了供给外汇以进口现在这些粮食，人们不得不工作得更久，制造更多出口货物。

比直接的经济威胁还重要的，是进口问题在政治与社会方面造成的后果。就军事力量而言，进口问题不止可能已经抵消了加强的军备力量，更绝对已经削弱了战争的力量；增加进口负担，对战时的军事非常不利。

此外，受到进口形势的牵连，外交政策会发生剧烈改变，严重的时候，连外交的目标都会全部遭到推翻。如果替代产业不能解决进口问题，就只剩下一个办法：将消费的负担从国内民众的肩上转嫁到原料生产者身上。只要原料的生产者与消费者之间还维持密切的商业关系，这种做法就行不通，就连一阵子也不可能——不论经济扩张主义（imperialism）与渗透力盛行到什么地步。许多原料生产国都遵循沙赫特博士的贸易方法，急着把产品卖到其他市场上(如果找得到市场的话)；一旦世界贸易复苏，这种方法马上就会崩盘。因此，极权主义的贸易政策目标，必须放在如何让原料生产者成为政治附庸，成为国内经济的一部分。这样还不够；因为除非原料生产者相信终极目标令人向往，否则很有可能会拒绝减少消费。所以，唯一之道就是迫使他们相信非经济社会的极权主义意识形态。

极权主义外交方面的特征不在于它所使用的方法。毕竟，在罗马帝国灭亡到法国于大战后强占德国鲁尔地区的这段岁月中，只要缺乏坚定的反抗力量，每个侵略强权用的都是同一种外交手腕。极权主义外交政策中真正创新的部分是：意识形态上的帝国主义。单单为了经济上的理由，法西斯和纳粹的外交政策就非得以革命方式来执行，才能由内而外征服一个国家。过去人们常说英国的帝国主义“嘴巴说是为了基督教，实际上是为了棉花”；而当今极权主义的贸易政策则是嘴巴说是“为了棉花”，实际上是“为了得到棉花而进行的法西斯革命”。

经济形势与外交政策之间的关联，正是德国何以要“振兴”殖民地需求，也是她不满殖民的“原料”来源由国际管理的原因。但拓展殖民地的需求，其实在德国国内不受欢迎，因为德国人民对热带地区兴趣缺缺。而且，它也与希特勒最珍惜、最明智的外交目标背道而驰，后者的目标是：大英帝国与德意志帝国永久结盟，前者统治海洋，后者主宰欧洲大陆。

在欧洲，特别是在巴尔干国家，德国也不会以取得租界，甚至取得政治、军事和商业的优势为满足。德国必须享有能诱使巴尔干人民承担部分的消费缩减以维持德国经济制度的政治控制权。这有两种意义：首先，巴尔干人民必须改信极权主义的意识形态。其次，巴尔干上中层阶级的财产必须被征收，因为多瑙河沿岸的下层阶级的生活水平已无法再降低了。因此，德国必须掌握反对地主和工业阶级的农民革命的潜在力量，以这股力量来征服巴尔干地区。

最后，进口问题会危及非经济极权主义社会最薄弱的部分：农业。

它推行极为“工业化”的方法来进行农业生产，虽然防止农业工业化曾是法西斯主要的任务之一。面对农业需求的压力，德国西南部已施行了和苏联集体农业除了名称不同，其余一概相同的方式。他们仅保留农地私有权的名目，而提供机械化、非人力且节省劳力的工作方式，实质上就等于在经营一个国有的农业工厂，雇用之前的佃农作为没有土地的劳动者。在东普鲁士这个有许多大型封建庄园的传统省份，“谷物加工厂”如雨后春笋般出现。政府以“开拓农田”为名接收大型地产(有的有补偿、有的没有)，并让退职的职业军人定居于此。法律上，这些新的定居者以独立地主或世袭承租人的身份拥有土地。事实上，他们只是听命于政府的工人。也难怪纳粹农业部长达雷博士(Dr. Darré)多年来不断警告： 德国农业就要步上布尔什维克的后尘。

但是，尽管有这些牵连，进口问题仍不是极权主义社会本身一大致命的问题。这问题是可以解决的，因为它不是极权主义经济与生俱来的问题。它本来就存在于意德两国的形势中，但可以藉由改变两国的外界关系来加以克服。进一步说，极权主义经济上的问题，只会促进并强化它与生俱来生气勃勃的社会力量和政治力量。

因此，极权主义的奇迹究竟会不会发生，极权主义社会到底稳不稳定，在经济方面都无从得证。这些决定性的问题完全取决于极权主义能否完成它的社会和政治奇迹，还有，它能否驱逐魔鬼、恢复社会和世界的理性。

第七章

是奇迹，还是海市蜃楼？

国防经济下的非经济性社会，顺利驱除了失业这个恶魔。但它本身仍不算成功，它的效果也尚未获得证实，除非战争这个危害现代社会的另一个恶魔，在人们心中不但变得合情合理，甚至值得向往。如果人们认同战争是该社会的目标（就像资产阶级民主和马克思社会主义将经济进步视为社会的目标一样），那么法西斯主义的任务就大功告成。非经济性社会中，阶级斗争及经济不平等的重要性必须加以抹消，否则极权主义的奇迹一定会失败。

除非人们相信战争是正当且崇高的，否则极权主义一贯宣扬的这种新社会概念，也不过是个幻想罢了。每个人在战争中的功能和地位，必须以他的社会功能和地位来决定。在希特勒与墨索里尼心中，社会与政治的整体架构都必须立基于英雄人物的概念，这是他们所认为足以代表的人类真实天性。

墨索里尼“惊险地活下去”的观念，以及希特勒对“躲在保护伞下的资本家”接连不断的抨击，都是一套新信仰的基本说辞。在战壕中的无名小卒，以及生产在线的无名劳工，都是这种新人类概念的基本象征。因此，极权主义政府中唯一真正知识渊博的德国哲学家容格尔，刻意将他的新社会建立在“工人战士”（Worker-Soldier）的形象上；而肉体的痛苦与承受这种痛苦的能力，正是这种新价值秩序的基础。

法西斯英雄人物概念的核心理论，乃是个人牺牲的自我正当化——这是人类最古老、最根深蒂固的宗教仪式概念之一，向来被运用来安抚、驱逐邪恶的力量。这种概念在大战后深获意大利和德国多数青年的青睐。在世界大战暴露出其非理性和愚蠢之后，如果再说民族最优秀子孙惨遭屠杀是毫无意义、于事无补的，相信没有人咽得下这口气。子民的牺牲一定是有理由的！朗厄马克（Langemarck）大受颂扬，就象征了这种精神。战役发生于大战的头几个星期，成千上万甫被征召入伍的德国青年学生，在几乎没有武装的情况下，进入敌军的枪林弹雨中送死。这场由于某指挥官失策而导致的大屠杀虽然没有达成任何军事目的，却提升了“纯牺牲”的象征性。

唯有将这种毫无道理的牺牲升华成奇迹般的奉献，无理性的战争的种种要素才有可能再次合理化。在个人牺牲完成自我正当化之后，人在机械战争中的疏离和默默牺牲，以及命运反复无常的规则，这些本身似乎就是目的了。

世人常常会犯一个愚蠢的错误：仅仅将极权主义推崇牺牲之举视为伪善、自欺或宣传的花招。事实上，它来自群众深沉的绝望。正如虚无主义在1880年的俄国吸引了最高贵和最勇敢的年轻人，它在德国和意大利也是战后世代的最佳（不是最差）写照：他们不愿同世界妥协，因为世界没有可以值得为它而死的真正价值，也没有值得为它而活、令人信服的信仰。跟虚无主义者一样，法西斯主义者怀着宗教般的狂热、真诚的信念和大公无私的精神，相信牺牲是可以自我正当化的。而在纳粹主义运动中，最虔诚的当属少数的“精英卫队”：他们誓言舍生忘死，愿以牺牲性命来超越生死。除了他们，其他的人都只是随营人员，因而被崇尚牺牲的纳粹激进派戏称为“星期天的纳粹”。

从道德观念来看，英雄人物的概念或许是有效的，因为它或许可为个人赋予目的和意义。但是它不能给予社会同样的目的和意义。它否定了生命，因此，将牺牲正当化不仅否定了社会，还破坏了社会。个人或许可以选择惊险地过日子；但社会毕竟得不断持续下去——而那代表要平安。如果个人透过自杀就能得到满足感与成就感，社会将毫无意义可言。这么一来，社会必然走向无政府状态。

正是这种内部冲突让法西斯建立新秩序的行动受挫。极权主义固然能消除失业的恶魔，能为个人重建战争的合理性，但它没有办法在不让社会看来无理性、无意义的情况下，实现这个合理化。它无法完成它的奇迹。

法西斯主义的意识形态无法将重建战争合理性的行动拓展到社会层次，这点便足以证明它的失败。有些理论家宣称战争是社会不可或缺的组成要素，原因是战争能摧毁社会，而社会迟早会灭亡。但这种历史循环论的最新表述方式，却完全无法解释社会必须存在的理由。尽管这种理论已渗入当代流行的法西斯大众哲学，但除了难懂的伪科学期刊外，它没有任何挥洒的空间；大众甚至都没接触过它。

因此，法西斯主义不得不像之前的政权一样，继续致力于消灭战争、禁止战争——虽然它的做法与战后民主政体谋求集体安全的目标大相径庭。战后欧洲藉由宣称可以确保真正的和平来建立其社会秩序的正当性；法西斯主义政权如法炮制，宣称只有法西斯国家才能维持和平。意德两国“热爱和平的领导阶层”，常被拿来跟民主政权中的“战争贩子”对照。极权主义者自称可以不被民众情绪左右的说法，也常被拿来与议会政体多数政府的“暴民统治”，或新闻自由下“放纵的战争宣传”比较。如果有人怀疑，法西斯政府之所以受欢迎，是否该归功于英雄人物信仰中的战争荣耀或其消灭战争的承诺，那么，看一看意德人民（特别是最年轻的一代）在《慕尼黑协定》签订后普遍流露出的欢欣，以及他们在《慕尼黑协定》前近乎叛逆的表现，这个疑问必会烟消云散。不管宣传得多好，极权主义国家的民众还是害怕战争，甚至比民主国家的民众还要害怕。

这种对战争问题的歧见，不单是用辩证法来强调视战争为恶（虽然在特定情况只是小恶）、为王者的最后手段的传统立场。只有当战争不被视为罪恶，而是确实有益的行动之时，国防经济才能取得正当性。但是，“谴责战争”这个法西斯用以笼络民心的手段，是不容简化成“战争绝对十恶不赦”之观念的。

将社会建立在英雄人物的无政府概念上，这种做法注定失败，而这方面的挫败必然会损害极权法西斯主义的整体表现。它使阶级战争派不上用场，因为它会让军事国家的新非经济社会和谐无法取而代之。拿“军事”来消灭“失业”恶魔的结果是，军事也变得跟失业一样不合理。这点摧毁了牺牲消费之正当性的基础。然而军备仍然是高于一切的目标；非经济性社会必须继续建立在军事国家的基础上——因为除此之外别无选择。

在这种情势下，极权主义只有一条出路，就是把责任推到别人头上。法西斯主义无法克服、解决或整合的社会内部冲突力量，必须转嫁给外界的敌人。恶魔般难以捉摸的战争，必须被说成是某些有形体的个人或集团的阴谋。虽然极权主义国家主要是为了社会内部的理由而武装，还是得不断地捏造一些怀有侵略意图的敌人，而民众必须做好备战工作。为了建立正当性，法西斯主义必须坚持别国有意进攻，必须坚持为了自卫而全副武装。法西斯主义必须时时流露出解除武装的渴望，又非得表现出一副因为某些自己说的危险而无法如愿的样子。他们说：阿比西尼亚(埃塞俄比亚的旧称)正打算进攻意大利的殖民地；奥地利正计划以武力并吞巴伐利亚；捷克斯洛伐克正提供机场给苏联来轰炸德国城镇。由于无法建立赞美或摒弃战争的积极信条，法西斯政权不得不诉诸纯消极式的“圣战”，将法西斯内部恶魔力量未能合理化的挫败，归咎于外界的因素。

意大利政府将安东尼·艾登比作国际邪恶势力的象征，而策动反对他的运动，就是这类必要的外交政策中最清楚的实例。只要事态发展不佳，账都算在他的头上——连意大利出口货物价格下跌都是他的责任。同样地，在德国人民展现反战的决心时，希特勒就声称丘吉尔与安东尼·艾登有“阴谋”，作为德国必须扩充军备、积极备战的借口。

当极权法西斯主义无力建立新秩序的态势愈来愈明显，这种自称受到恶魔化身迫害的辩白，遂逐渐成为它就算不是唯一也是最主要的信条。对抗这些恶魔成为它唯一的目标。当然，所有革命都得了被害妄想症，有些的确事出有因，有些纯属幻想。但是，唯有法西斯主义必须将敌人的迫害当作其信仰的实质内涵。唯有在法西斯主义下，才有真实人物需要为个人生命、安全和心智所受的威胁负完全的责任。消灭这些人成了法西斯社会存在的正当理由。与这些人进行永无休止、绝不松懈的斗争，成了神圣的任务，而且这项任务不仅允许，甚至还需要血腥、暴力和欺骗。法西斯主义的世界里没有普通的敌人，只有那些一旦存在就永无停火、永无和平之一日的恶魔化身。身为有形、可以理解、因此也可以容忍的敌人，这些恶魔的化身取代了现代社会中无形、无法理解、因此也无法容忍的恶魔力量，代替了不具人性的经济法则，也代替了工业帝国主义不可避免的结果。

法西斯憎恨共产主义，正表示它无法战胜法西斯社会中的阶级斗争。因为人们不能接受军事国家的意识形态，阶级战争就不可能废除。除非人们相信阶级斗争是与法西斯理想与承诺中的非经济、真正无阶级社会敌对的势力，才可能予以禁止。唯有把阶级斗争拟人化成共产主义者，才能与之抗衡；法西斯必须把社会产生邪恶势力的责任推给共产主义者。法西斯主义不需提出证据证明共产主义有所行动。德意志共和国末年或战后意大利是否真的受到共产主义威胁，根本无关紧要。在共产主义者洗脱纵火焚烧德国国会大厦的罪名时，纳粹元帅戈林(Hermann Goering)就坦言：就算所有证据都显示共产主义者是无辜的，德国人仍会坚定地认为，他们是这起纵火案的罪魁祸首——他补充说，这是因为“我们知道，敌人一定不是德国人民”。为了证明自身的存在、找到存在的理由，法西斯主义必须不断强调共产主义图谋不轨，不断强调莫斯科和其他法西斯的敌人(包括英国银行家、捷克军队、天主教教会和精神分析学家)为打击法西斯而结盟。

反犹太的种族主义是纳粹所有将恶魔拟人化的举动中，最完整也执行最彻底的一个。此举藉由驳斥理性来重建世界的理性，并证明纳粹社会的正当性。因此，观察纳粹的反犹太主义对我们的分析甚有帮助，不只是因为它血腥而残酷，也不是因为它已成为纳粹主义最显著的特性，而是因为它比其他纳粹的特征更充分、更深刻地表现极权主义革命的内在动力和逻辑。同时，它也是世人最不了解的一点。

在纳粹神学中，犹太人和“非雅利安人”的真正作用，就是资产阶级资本主义力量的化身。因为纳粹无法以促进社会关系的非经济动机来取代这些人的利益动机，所以有必要把他们视为恶魔、加以迫害。官方纳粹理论不承认这点，说不定根本就不明白这一点。纳粹种族论中“北欧人和犹太人间的分歧完全不兼容”的说法，其实是在呼吁人们相信奇迹。不然，要怎么消除所谓北欧人的生物优越与同时存在的犹太血统优越(一名犹太祖父母的血就可彻底污染三名北欧祖父母的血)之间的矛盾呢？然而，这个理论并没有回答这个政治的重要问题：这所谓的根本分歧为什么到现在才被提出来，而且只以这种方式呈现？

以混乱而愤怒的表象来求解释，同样不能令人满意。有人说，迫害犹太人是前所未见的、卑劣残忍本性的爆发，这固然是对事实的陈述和谴责，但仍不能作为解释。人们之所以有“德国一直都在反犹太人”的观念，是因为误解了战前及希特勒上台前的形势。当然，战前的德国和奥地利的确歧视犹太人。以通婚权(connubium)与就业权(commercium)这两项象征完全平等的指标观察，犹太人并未享有完全自由就业的权利。犹太人不能担任军官、法官或大学教授。但这不是种族歧视，而是信仰歧视。实际上，所有职业对于改信基督教的人都是开放而毫无限制的，这种人不在少数。另一方面，犹太人是完全享有异族通婚权利的，这在别的地方可见不到。异族通婚在中欧德语区极为普遍，在其他地区则十分罕见。今天，出身于犹太人与非犹太人混合家庭而信奉基督教的非雅利安人，远多于百分之百的纯犹太人，就是异族婚姻非常普遍的明证。因为异族通婚比自由就业更具社会意义，所以德国的犹太人有理由相信，德国是最不排犹的国家。

此外，人们试图把德国的反犹太主义解释成出于经济上的嫉妒，期望以此削弱犹太人的竞争力、夺取犹太人的商业和专业地位，这也是曲解了事实。说德国人不嫉妒犹太人是荒谬的。但只有一种阶级的嫉妒心特别强烈：小店主想要摆脱犹太人经营的百货公司的竞争。多数人都没有妒忌的感觉，所以当纳粹企图勒令百货商店停业时，遭到强烈的反对。既然已经被“雅利安化”了，百货公司在零售贸易领域的占有率，几乎和1933年以前一样高。整体来说，即使是在犹太人占绝对优势的行业中，经济上的嫉妒也只限于零星个案。若是有人抱怨犹太人在某个医生或律师俱乐部的竞争力，可是很不得体的。

即使经济上的嫉妒曾是德国爆发排犹运动的主因，但如今犹太人的财产和地位都已被剥夺殆尽，这点就不可能是德人持续排犹的原因了。大多数期待能在犹太人消灭之后捞到好处的人，必定颇为失望。不仅是百货商店未如独立零售商期待一般关门大吉，而且，犹太人经营的零售店是关闭了，非犹太竞争者的获利却没因此增加。犹太人消失，他们自然也没犹太人的生意可做。我相信，没有哪家小零售商充分了解纳粹德国的社会和经济情况，才会认为整体零售事业萎缩对个人生意的影响，在犹太人经营的商店歇业后多少可获得减轻。要是能看透这点，他们很可能会下这样的结论：威胁他们生意的是纳粹主义，而不是犹太人——可惜始终没产生这个结论。同样的情况也发生在管理高层、自由专业人士及银行。虽然犹太人经营的私人银行已遭停业清理，但他们的生意也没得做了。虽然犹太人医生和律师都已不准执业，但非犹太人医生和律师的业务不仅没有起色，反而更差了。虽然犹太裔的银行主管已被撤职，他们的工作却无人可接手。

唯一“造福”一大票人的反犹行动，是1933年发生的一件连最极端的纳粹分子也预料不到，甚至不相信可能成功的事情：中小型犹太企业的“雅利安化”。但此举也不见得美好：每有一位非犹太人经理低价买下他犹太老板的企业，就会有两位非犹太人经理在“雅利安化”的过程中丢掉饭碗。

此外，反犹太主义也不能归咎于德国犹太人对纳粹主义（当然不包括排犹信条）固有的反对立场。假使当初德国允许犹太人参与希特勒运动，他们应该是会加入的，就像意大利犹太人只要法西斯阵营欢迎，也会捐助法西斯一样。纳粹阵营的犹太人人数本来可以更高的。因为德国犹太人一直渴望有机会能在超越宗教藩篱的民族运动中，与其他德国人民达成真正的融合。难怪在纳粹掌权后的头几年，许多正统犹太领袖认为，希特勒的反犹太政策不仅是上帝的惩罚，也是上帝为了把祂的子民从完全丧失认同与信仰中解救出来的一种方式。

最后还有一种说法是：犹太人被当成代罪羔羊——这虽不能说是错，但也毫无意义。纳粹主义为什么需要代罪羔羊？又为什么要找犹太人？在1932年那个时候，纳粹主义似乎更该激起民众对战后腐败的地方政府的强烈愤慨，而不是唤起反犹太情绪才对。

要为德国（甚至奥地利）的反犹太种族主义提出解释，正确的说法是：由于德国资产阶级的社会结构特殊，让犹太人代替了资本主义和自由主义（就算不是非这样不可），成了与德国敌对的力量。我在前面解释过，德国的资产阶级并非透过自身的革命来取得力量；和西欧中产阶级不同的是，它得靠更高的阶层赋予自由。资产阶级的解放本身并不是一个社会目的；为了民族统一大业，它才获得实现。因此，无论在政治上或社会上，德国资产阶级都永远不可能成为统治阶级。公务员和行政官员中的贵族和世袭阶层（虽然大多已经没封号了），仍是社会和政治的主宰。

由此可知，典型的资产阶级职业并未得到社会充分认同。除了汉堡、法兰克福等少数地区以外，大部分社会仍遵循旧贸易传统，不承认商人拥有平等地位，连银行家也仅是为“社会”所容许而已。所有资产阶级的理想——自由从事的专业——虽然已在西欧获得最高的社会评价而堪称实现，但在德国所获得的尊重，却远比军中和文官体系中薪资微薄但向来受到珍视的职位还低。在法国，只有素质较差的法律系学生才会进入政府部门担任警察法庭的法官，但德国的顶尖学生却比较想进入司法或行政部门任职，甚于当律师。另外，德国的上层阶级认为，强大而独立的资产阶级会对其统治权构成威胁，因而积极阻止它壮大。于是德国原有的资产阶级不仅势单力薄、在政治上起不了作用，还遭人暗中反对、在社会上备受歧视。话虽如此，资本主义社会要迅速发展，还是需要强大的中产阶级。

犹太人在德国的特殊地位就是这样形成的。上层阶级在解放德国资产阶级的同时，也解放了德国犹太人。在西欧国家，犹太人在原有中产阶级发展并掌权之后，旋即获得解放，只是必须在已十分稳固而将他们视为新移民和暴发户的资产阶级社会中，寻找自己的位置。然而在德国，犹太人和非犹太裔的资产阶级同时起步。犹太人也好，非犹太人也好，都受到统治阶级在社会和政治上的歧视；两者都被迫成为反对势力。德国社会需要大量高素质的资产阶级，但在社会歧视及反资产阶级政策之下，资产阶级却不敷所需；这其间的差距造成对犹太裔的商人、银行家、律师、医生和工程师的需求大增。在奥地利、巴伐利亚和普鲁士，政府甚至支持这股趋势，因为他们认为，犹太人资本家绝不会像非犹太人资本家那样，激发人民的“危险思想”。而且，与西欧情况不同的是，犹太人在德国定居的时间，就算不比其他人口长，也不比他们短。早从罗马帝国时代起，犹太人就定居于莱茵河畔了。这些犹太人说的是同样的德语，而且除了宗教仪式不同外，所有传统也都源于德国。

如此一来，德国犹太人和德国非犹太人完全融合为一，成为在社会与政治上没有特权，但在经济与学术领域具有决定性影响力的上层中产阶级。非犹太人对犹太人一视同仁，因为犹太人同样遭到歧视，也诉诸同样的民主原则来反抗歧视。对犹太人而言，与资产阶级的平等关系终结了他们受排斥的历史——由于受到排斥，犹太人向来团结一致以反抗迫害和歧视。双方开始认为彼此的商业合作、密切社会往来和通婚等等是理所当然的事。犹太人也逐渐不再反对改变自己的宗教，这本是犹太阶级要达到完全平等的最后一道阻碍。如此发展的结果，犹太民族自己开始衰落：之后的五十年到一百年，几乎没有犹太人离开德国或奥地利。但是，在中产阶级中，受洗的犹太人、“非雅利安”的混血后裔，以及和非雅利安人结婚者的人数都迅速增加。在德国本身，有六十万左右的犹太人，而据伦敦《泰晤士报》估计，所有非犹太裔的“非雅利安人”的人数则超过两百五十万。维也纳犹太社群约有二十万人，但至少有五十万非犹太人的“非雅利安人”。除了小部分最近从东部迁入的犹太人是无产阶级外，大部分的犹太人和“非雅利安人”都是属于资产阶级（此分类的依据常常不是收入或财富，而是心理状态）；因为他们全靠资产阶级信条才能有这种地位，也只有在资产阶级社会才能享有平等。德国资产阶级中，犹太人只约占十五分之一，但非雅利安人起码占了四分之一。在维也纳，约有百分之二十的资产阶级是犹太人，但犹太人和非雅利安人加起来，至少占有百分之七十五。通婚只限于资产阶级，人口中也唯有这个阶级和犹太人站在同一阵线。若说“与资产阶级通婚”是犹太人的特性，那么“与犹太人结合”也就成了资产阶级的特性。

随着资产阶级在第一次世界大战后开始获得权力，这一点就变得重要起来。纳粹党人宣称：犹太人及“非雅利安人”的财富和经济影响力，在战后就会增加；事实却恰恰相反。资产阶级从事的职业在战后获得了较高的评价，因而吸引大量不具犹太血统的新血投入工、商和其他专业领域。这些在战前就已从军或担任公务员的新血，从年迈的犹太或非雅利安的持股人手中，接下大部分资产阶级的领导职位。战后德国没有出现重要的犹太企业领袖；然而在战前，几乎所有领袖级的实业家和银行家都是犹太人、“非雅利安人”，或是与犹太人有血缘关系的人。全体犹太人财产和收入减少的速度，差不多是非犹太资产阶级的两倍。在维也纳（当地的犹太社群密切注意这个趋势），我所看到的统计数据显示：到1933年为止，犹太社群成员的收入比战前下降了百分之六十左右，而非犹太裔中上阶级的收入，只下滑约百分之三十。尽管如此，纳粹党人“犹太人的地位已经巨幅提高”及“犹太人掌握所有权力”的说法，看来却证据确凿；这是因为，虽然在世界大战前，德国统治阶级没有掺杂犹太血统，但战后新统治阶级的特色，就是混了犹太人的血。

因此，当此阶级失败或其统治导致恶魔出现时，把责任推给犹太人又把他们比作恶魔化身的做法，就变得“合理”了。这种比喻必须以种族理论为基础才能进一步延伸。除非能证明基督徒已被犹太血统所污染，否则那么多坚信民主制度和资产阶级资本主义的基督徒，会让反犹太主义变得毫无意义。此外，种族理论也会害得犹太人无法再像过去一样，以受洗来逃避迫害。就这样，种族理论将法西斯主义所需的恶魔般敌人的特性——无可改变的邪恶和敌意，通通套到犹太人头上了。

跟犹太人比起来，连共产党人都称不上是恶魔般的敌人了。因为，共产党员随时可以撤回自己的主张，但“生为犹太人，终身犹太人”。于是，一旦犹太人“摘下假面具”，变成引发经济萧条、失业和战争的恶魔力量后，一个正在寻求发动战争之正当性的制度，开始把所有犹太成员当成罪犯，并以此作为残害他们的借口，说起来相当合乎逻辑。如果犹太人是威胁社会及个人理性存在的恶魔力量，人类与犹太人之间不可能再有任何“暂定协议”了。

由此可见，纳粹反犹太主义的起因，既不是纳粹所宣称的北欧人与犹太民族信仰之间有着互不兼容的冲突，也不是外界常说的德国民众一直存有排犹思想。确切来说，德国犹太人和一大部分德国人民(也就是自由的中产阶级)之间没有任何差异、冲突与陌生感，才是引发纳粹反犹太主义的原因。纳粹迫害犹太人并不是因为犹太人与德国格格不入，而是因为他们已经几乎完全被同化，不再是犹太人。

所以，犹太人究竟是什么样的民族，他们的性格、行为和思想究竟如何，这些都无关紧要了。尽管事实一再证明，著名的《犹太人贤士议定书》(*Protocols of Zion*)是粗劣的伪造品，但纳粹必须证明它是真的，因为犹太人对德国图谋不轨必须是真的。几个世纪以来，犹太人在捷克斯洛伐克、波兰、南斯拉夫和罗马尼亚等地作为德国文化、德国贸易和德国影响力的先锋，并一再解救那些国家里的少数德国人，使他们免于灭绝，这些贡献也都无关紧要。承认犹太人的功劳，就等于背弃纳粹社会与纳粹意识形态。就算指出罗斯福(Roosevelt)一姓并非源于“罗森菲尔德”(Rosenfeld)；格鲁吉亚人斯大林拥有世界最纯正的雅利安血统，而且父亲不叫莱维(Levi)；鲍德温爵士(Lord Baldwin)的母亲其实不是罗马尼亚犹太教教士的女儿，也同样于事无补。这些谎言在德国仍是官方口中的事实——这些人既然反对纳粹主义，就一定是犹太人。自纳粹掌权以来，正统犹太人、自由主义犹太人、天主教徒、新教徒、马克思主义者和老派的自由主义者写了数百本关于犹太人问题的书，全都没有切中要点。即使是对于犹太种族、民族和宗教特性等等最深刻的分析，也无法解释反犹太种族主义为什么会在纳粹德国出现。这与犹太人本身的任何特性都没有关系，而纯粹是因为纳粹需要犹太人呈现这种面貌，来化解内部的紧张。就纳粹主义内在的目的而言，反犹太种族主义只是一种手段。纳粹真正的敌人不是犹太人，而是资产阶级秩序，它其实是借用打击犹太人的名义来打击资产阶级秩序。当纳粹无法用具有建设性的新概念来取代资产阶级秩序及资产阶级关于人的概念时，反犹太主义应运而生。这种做法必须公开谴责资产阶级自由主义和资本主义，但不可能诉诸阶级斗争的手段。

纳粹将这种恶魔拟人化的逻辑、动力与目的渗透到社会各个层面，衍生出这个结论：与这捏造的恶魔力量的对抗，绝对不能松懈！极权法西斯主义永远不会觉得平静、满足和安定。只有在对抗恶魔的“圣战”中，法西斯主义才能彰显它的目的，才能证明自己的正当性。在法西斯国家和民主国家之间不会有长久的和平，也不会长久停战。整体经济愈是成为军备的附庸，就愈有必要让军备显得合理。要证明扩充军备的合理性及正当性，唯有不断“伸冤”、不断指控民主国家的侵略意图才行。一定要有一个死敌才行。极权主义国家必须一直表现出武装不足，以及某些根本而必需的权利和财产一再遭到侵犯的样子。

反犹太主义也是同样的情形。被迫害、践踏的犹太人和非雅利安人愈多，就愈有必要继续加以迫害和剥削，如此纳粹政权才能自圆其说。对犹太人的迫害并未让极权主义发展出有建设性的意识形态，这个事实也必须被拿来当成“证据”：证明犹太人真的是恶魔般的敌人，而且就算加以迫害，他们的力量还不减反增。纳粹主义永远不可能“彻底解决”犹太人问题。1933 年以来如是，今天亦如是；1933 年，纳粹接连宣布所谓“最终解决方案”：首先宣布少数族群享有全部权利；接着在犹太人被排除于文化生活后，宣布犹太人在商业上享有完全平等，再来是宣布犹太退役军人享有完全的平等等等。当时声称这些阶段是“最终的”纳粹军官，行事很可能出于真诚；因为他们自己也不理解反犹太主义的作用何在。他们还会继续宣布“最终解决方案”。但确定的是，新方案的下场会跟之前的一样。如果今天“有一半犹太血统的人”仍可豁免于某些反犹太措施，从现在开始，一年之内他们会被当成“纯犹太人”看待；接下来就轮到“四分之一血统的犹太人”，然后换“八分之一血统的犹太人”。纳粹唯一不允许的是真正的解决方法。因此，除非他们觉得更东边的新犹太少数民族也是该迫害的对象，才有可能同意让德国犹太人移民出境。因为，如果没有犹太人充当魔鬼的化身，没有犹太人充当纳粹帝国不可能和解的敌人，纳粹就什么也做不成。

当极权主义开始愈来愈需要自圆其说，它就必须虚构出新的恶魔化身。比方说，反犹太主义在中欧和东欧之外，便无法发挥任何社会目的。在西欧，由于社会往来和通婚受到严格限制，非犹太资产阶级和犹太人之间可说相当疏远。这不代表在资产阶级秩序瓦解后，反犹太主义不可能或不会出现。相反，那群已经被资产阶级革命解放、只能依靠资产阶级民主信仰来要求社会平等的犹太人，一旦民主信仰失去效力，就会变得格外脆弱。但是，让反犹太种族主义成为重要议题，并要法国犹太人为法国大革命负责，这种做法毫无社会意义——尽管德国把犹太人和一战战败以及《凡尔赛和约》画上等号之举，充满了社会目的。

但法国的反犹太种族主义，还是比意大利的反犹太主义容易理解得多。在所有欧洲国家(斯堪的纳维亚半岛例外)，意大利的犹太人口比率是最低的。而且，意大利的犹太人深深受到激进意大利民族主义运动(中产阶级反对旧封建贵族的社会运动，并逐渐演变成战争)精神的影响，一如德国的犹太人深受资产阶级自由主义影响。最后，德国利用反犹太主义将资产阶级拟为恶魔化身的做法，已经透过反共济会会员的运动，大举蔓延到意大利了。如今，因为共济会会员已消灭殆尽、资产阶级精神却依然存在，墨索里尼只好采用反犹太种族主义。尽管意大利人一直以成功同化他族为傲，墨索里尼仍必须捏造“证据”来证明意大利人的种族纯正。墨索里尼必须禁止通婚——虽然这是他几年前才提出的主张。因为法西斯需要为其“圣战”找到新的敌人，必须虚构外界的敌对势力来自圆其说：为什么法西斯无法为公司国家(corporative state)下的非经济性社会，带来积极的社会内涵。

同样地，纳粹党人不得不投入反对天主教教会的“圣战”——尽管希特勒一直衷心希望避免重蹈墨索里尼与教会对抗的覆辙；德国官方也宣称，与罗马缔结政教协约是展现纳粹治国才能的杰作。在对抗教会的过程中，纳粹党人力图击败他们一直无法掌握的和平观念。由于和平观念会对纳粹社会的正当性构成威胁，因此他们必须使它成为“国际”罗马教会的恶魔化身。纳粹非常清楚，鉴于天主教徒和新教徒间极度不合已久，打击教会必将严重危及德国的统一；他们也知道，这种打击必以灾难收场；但纳粹却不得不这么做，否则他们的信条、他们的社会就会继续没有意义，没有正当性，没有实质内涵。意大利法西斯同样深知，种族理论对任何地中海的政权来说，无疑是政治自杀。外界固然可能受到蒙蔽而相信种族理论有助于意大利管理非洲殖民地，但意大利人更清楚事情的真相。然而，即使人民都预见了日后的经济危机和社会危机，仍无法战胜极权主义意识形态的内部逻辑与动力。事实证明，法西斯主义虚构“圣战”意识形态的必要性，的确比所有政治目的和计划更为有力，也比所有关于国家经济或实质政治的考虑更为迫切。

我们必须理解：对于信仰坚定的极权主义者而言，把犹太人视为恶魔化身加以迫害与压迫的方式，不仅正当更是合理。他们是真的不明白，外界为什么会看不到恶魔的存在。他们非得这么想不可：外界反对他们的信仰和方法，不是出于阴谋、伪善、弱智，就是疯了。因为在极权主义信徒的眼里，将共济会会员、犹太人或天主教徒视为恶魔般的力量，是再合理不过的事；不这么想，他们的社会，他们的信仰，就会失去合理性与正当性。如果外界理性地了解了什么，他们就必须驳斥外界的理性，以维护自己世界的合理性。这场对抗自己捏造的恶魔的“圣战”，别人看来愈不合理，他们就愈觉得那是唯一能将世界理性化的方式。这就足以回答下面这个常见的问题：为什么像德国人这么一个不怀仇恨的民族，竟会那么残忍地迫害犹太人；为什么像意大利人这样满脑子拉丁逻辑的民族，会轻易接受这场要安东尼·艾登一人为意大利发展不佳负起全责的战役。

然而，虽然“圣战”表面合理，仍无法充分代替一个有建设性的积极信条。对“恶魔化身”的打击愈深，它就愈来愈令人不满意，愈来愈令人失望：因为问题没有解决。在愈来愈多人接受“圣战”为唯一理性口号的同时，人们对其效力的质疑也与日俱增。因此，意德两国民众不仅变得比民主国家的民众更害怕战争，也愈来愈怀疑武装的价值。敏锐的观察家常断言，当今的德国民众是所有人中最不反犹太人的，这话显然言过其实；但无疑，随着打击犹太人的行动愈演愈烈，反犹太主义已愈来愈不得人心。

然而，极权主义的本质及其信徒的信念如此，它也只能靠着更急遽地打击恶魔，来对付内部的紧张局势。极尽全力否定他人的信仰，只能把它无法创造积极满足感的失败，转变为另一个“证据”来证明，继续否定他人的做法是必要、正确而适当的。德国民众对洗劫犹太人财产，毁坏犹太人医院、教会和孤儿院等举动所表现出的反感，全都发自真诚。而同样真诚和不可避免的是：纳粹企图再度透过更激烈的打击犹太人手段，来扭转反犹太主义无法作为最终解决方案的颓势。打击天主教教会的行动在德国处处不得民心的事实，只会使这个行动更加剧烈。

若说是德国政府不顾民众默默反对，而硬要祭出更严厉的排犹手段或加速打击天主教教会，这种说法本身就自相矛盾了。没有任何一个极权主义政权可以做出违反民意的事。专制而不受管束的“元首”比大众民主政府更依赖民众分分毫毫的奇想。民众很清楚，如果极权主义的政治迫害无法满足他们对理性秩序和可理解社会的需求，他们除了苦干实干之外也别无他法。然而民众愈努力，就愈不满足。他们陷入一种恶性螺旋，被迫不断前进——因为（而非尽管）他们对于建立积极信条的要求，随着事态发展而变得愈来愈难达成，又愈来愈迫切。

由于无法创建新秩序、新价值观和新社会信条来取代已经崩溃的秩序、价值观和信条，法西斯主义和纳粹主义不得不走向“极权主义”一途。除非宣称真正的秩序、价值观和信条都是多余，甚至根本不存在，否则他们的政权不可能延续。极权主义必须否定之前每一个欧洲社会秩序的种种需求，才能证明自己及本身权威的正当性。它必须坚称：社会的机械化外部组织就建构了它存在的正当性，而这也就是它内部的社会秩序。除了社会结构外壳的地位必须高于所有的社会本质，空洞的机械形式本身也必须是最崇高的社会本质。组织必须为信条和秩序服务。

我们常取笑一群老小姐，她们在被问到造访墨索里尼统治的意大利的感想时回答，她们没看到半个乞丐，火车也都很准时。但其实她们的感想比大多数学术论文更贴近法西斯的本质。火车很准时，主要街道看不到乞丐，拥有南大西洋最快的机船、最宽的公路——所有这些纯机械式、描述技术效率与组织的细节，都确切描述了意大利社会发展的目的，至于它们的技术、经济或军事效用等等都不需在意。民主国家被比了下去，原因不仅是它无法造就社会平等，也是因为它无法动员一百万人参加群众集会，更无法号召全民一致为领袖鼓掌。自由资本主义之所以不如极权主义经济，并不是因为它会导致经济萧条，而是因为它无法进行集中外汇管制。纳粹的重要发言人曾说，纳粹主义在历史上最伟大的成就，就是让德国各式各样的省级政府达成表面的统一。

资产阶级资本主义和马克思社会主义之所以失败，是因为世界机械论和社会机械论的概念都瓦解了。法西斯主义找到的唯一解决之道，是赋予原始机械论最崇高的地位，并将它美化成法西斯的最终目标。法西斯找到唯一能对抗旧秩序恶魔的方式，就是捏造新的恶魔。一如对自己捏造的恶魔发动“圣战”的消极特性，满足不了群众建立积极信条的要求，组织虽为组织，也永远无法满足群众建立新秩序的要求。法西斯主义无法提供新秩序。人们愈是急切地需要一个秩序，法西斯就愈有必要强调组织是最崇高的目标，其他都是它的附庸。因此，组织必须是“总体的”，是一切的潜在最高目标；换言之，真实秩序所有残留的痕迹都必须加以压制。

以组织之名，法西斯必须废除一切个人权利及自由、摧毁所有真正的社会单位，如家庭、青年团体、学生会、政党、职业协会等。无论是以宗教为基础的教会、以经济为基础的工团主义及实业家组织、以社会为基础的纳粹前德军及法西斯前的意大利军队，或是政治为基础的德国君主立宪主义者，只要是衷心追求秩序的人，法西斯全都不能放过。不管这些单位的主张有多虚伪，追随者有多软弱，只要存在于世，它们个个都会扰乱法西斯社会。无论这些社群在政治上是支持或反对法西斯主义，或者就像合唱团一样不关心政治与社会，这都无关紧要。法西斯主义只有不断打压社会各层面的各种潜在竞争，才能让法西斯组织保有至高无上的地位。任何真正的社会有机体都有可能自动取代法西斯组织。只有在民众都相信法西斯组织最为崇高之时，法西斯主义才有可能完成“恢复社会合理性”奇迹。

至于组织本身的效率，以此作为组织发展的目标，是最最危险的事情。这种做法一定会让组织在技术及机械方面发生最严重的过度组织化。在意大利和德国，由于计划推行太快、谬误的精确度运用太甚，使得过度集权且过度组织化的政府和企业机器，只要有个小齿轮出状况，就会造成最大程度的混乱。个人附属于组织之下，完全不能有判断和行动的自由，当然不能主动做任何事情。这点在德国铁路组织中多次得到显著的验证。实际状况稍微背离原定计划的情况，过去只要靠地方官员就能轻松解决，现在却屡屡导致全区工程长期延宕——因为组织必须等候新命令从遥远的中央部门送来工地。只要工程按计划进行，它会让所有效率专家惊喜不已；但是一旦出现一丁点乱子，所有事情都会脱序。

另一个同样严重的后果是：没有人能够理解并指挥全局。每件事都变得复杂透顶。德国和意大利都有个公开的秘密：除了政府领导人或许知道，没有任何人清楚国家整体的财务状况。财政部长知道国家预算、税收和其他收入与政府公债等，但是对于几百个拥有独立贷款权的行政机构的财政活动，一概不知情。他不知道与政府一起争取国家总收入的执政党的财务状况，不知道秘密宣传基金到底有多少。更何况，组织的每个单位都试着不让别的单位知道自己的运作情况；各部门都想染指别人的经费，让自己成为所属领域中最有权力的一员。因为，假使“组织化”就是组织本身的最终目的，要争夺组织以外的权力，必然要先争夺组织内部的权力。

就经济层面而言，这意味着极权主义国家的企业，必须为旷日费时又毫无意义的繁文缛节付出惨重的代价。在德国，这代价估计高达工业成本的百分之二十五。因为除了高高在上的规划委员会以外，谁也没有决策权，所以每一个芝麻绿豆大的细节，都必须呈报数不清的相冲突的权责机关。例如“申请接受出口订单”这类的日常事务，就需要多达一百二十种不同的执照和表格。

就社会层面而言，由于法西斯组织登基成为至高无上的主宰者，连带使得层层官僚也变成社会上最有权力的阶级。而官僚的工作无他——就只是把自己组织起来。这个特权阶级养了两百五十万名外汇与原料的监管人员、纳粹党书记、劳工阵线与农民阵线的组织干部等等，它的出现不但会让过度组织化的现象愈演愈烈，也会扰乱整个法西斯非经济性社会本来就不稳定的社会平衡。

但是，就一个把军队视为模范的社会而言，最危险的后果应是军事力量的严重削弱。虽然中央集权的组织似乎是在现代战争中得胜的必要条件，但更重要的是，在面对意料之外、毫无准备的事件时，各分支部门都要能独当一面。第一次世界大战的历史就印证了过度组织化的危险。1914 年秋天，德国在法国马恩(Marne)输了第一场战役，就是因为过度组织化与过度中央集权，剥夺了军官在未经总司令批准之下自己做决定的权力。两支快速挺进巴黎的军团突然与总司令部失去联系，吓得决定撤退。这时，在远远不如德军组织化程度的法军中，一名副将自行决定追击这些撤退的德国军团——违抗了命令与计划。拜战胜俄国之赐，德国尝到的后果稍稍没那么悲惨，而这场对俄国的胜仗却是在完全未加计划、未准备就绪的情况下得来的，领兵者正是两位在战前的德国参谋总部中，被称为“我行我素之徒”的兴登堡和鲁登道夫。然而，尽管制式组织又让德国在大战中撑了四年，但她始终无法走出计划失败的阴霾——针对西欧所精心策划的速战速决计划。而马恩战役正是德军开始走下坡的转折点。

在法西斯主义下，军队和整个社会生活所受的集权管理，比战前的德军更甚。每一项意料之外的发展，不管有多微小，都会变成几乎难以解决的问题而招致混乱和恐慌。1938 年春天，提洛尔(Tyrolean)山区的一些农民抵制德国占领奥地利，虽然力量微薄，却瘫痪了一整支军团达一两天之久；西奥地利地区所有补给线也为之中断，因为德军的计划中，对此未做任何准备。在一个组织本身就是目的也是其正当性的完全中央集权组织中，计划是神圣而不可侵犯的；一旦计划有误，就会全盘皆输。

一个以组织而非秩序和信条作为基础的制度，如果在经济、社会和军事方面产生严重的后果，就表示它在形而上学和意识形态上也有致命的弱点。一般人无法接受组织本身即是目的；组织无法使民众满足；就算在极权国家中也一样。民众要得更多——他们需要新的社会内涵；但他们得到的却是更多更多的组织。每六个月就会有一个新的社会秩序宣布，个个都是“最后”的秩序，个个都盛况空前：有新的劳工阵线、新的农民组织、新的部门和新的教会成立。每一次，这个新的社会秩序都证明只是一个新组织，只替其本身服务，只让自己成为组织。六个月之后，又会有一只小白兔从不断做出计划的魔术师的高帽子中变出来，不用多久，它又会变成另一只没有生命的机械玩具。

极权主义社会无力创建秩序，也无法以组织代替秩序的事实，足以解释这种社会最自相矛盾、最令人不解，同时却最重要的特征：它是以何种形式让民众相信它、接受它的。倘若有两位观察家，一位主张“德国和意大利的大部分人民，坚决拥护政权”，另一位则说“两国人民都对政权深感不满”，看来应该有一个对、一个错。但事实上两者皆对：群众愈是坚定地依附政权，就愈容易感到不满。

产生矛盾的关键，在于民众无从选择。若是选择回归资产阶级民主或社会主义，就等于回到一个由令人无法忍受的恶魔所统治的、无意义的崩溃世界。当然，民众是有可能被迫倒退的，但那一定是外界强制力所造成的，比如一场灾劫连绵的战祸所造成的全面崩溃。甚至到那个时候，重建工作也要靠人为手段，只不过那也是维持不久、不真实而了无意义的。旧秩序一旦瓦解就回不去了。旧秩序的价值观和概念，旧秩序的思维和机构，一旦平凡大众不再认为它们站得住脚，就变得不堪忍受了。然而现在又没有新的价值观和秩序。意德两国勇敢的民主运动和左派地下运动都极其贫乏而徒劳无功，就是最好的证明。两者都无法吸引年轻人或新成员加入；两者都不可能在有朝一日法西斯垮台后，继而发展出社会组织方面的计划。他们都只是消极的主张，之所以消极，是因为没有积极方案存在。德国唯一堪称具有影响力及重要性的地下运动(这点非常值得注意)，是一个先接受极权主义的地位，而仅仅要求重申极权主义目标的运动：奥图·斯特拉索(Otto Strasser)的“黑色阵线”，原是出自于纳粹运动，后来和希特勒分道扬镳——只因为希特勒不够极端。若说希特勒是个民族社会主义者，斯特拉索就是民族布尔什维克者；他是所有反纳粹领导者当中，唯一清楚自己要什么的人。

民众不能一无所有；他们不能忍受空虚。尽管民众对极权主义所提供的东西深感不满，但也得不到别的东西。因此，极权主义一定要是有效的方法。民众对它赋予的一切愈不满，就更须说服自己相信一切已经足够。而他们愈常说服自己，又会更加不满，这样的结果，他们只得继续说服自己下去。

这形成了极权国家中绵延不绝的紧张状态，民众却须在这种状态下生活。他们非常不开心、深感失望，幻想深深破灭。但正因他们幻想破灭、对现实不满，所以不得不竭尽心力强迫自己相信极权主义。如果他们连唯一拥有的都放弃了，还有什么留给他们呢？他们就像有毒瘾的人一样，吸得愈来愈凶，明知那是毒品，却戒不掉，只因他们必须麻痹自己、必须找到梦想中的快乐。这就是为什么参加极权主义会议、游行或集会的人，都会陷入歇斯底里的状态。大家在一起的时候，他们必须说服自己相信，他们的社会是正确的社会。但私底下每个人都知道或感觉得到，自己其实一无所有。你的邻居十分狂热，就足以作为你也必须狂热的理由——尽管邻居表现出来的狂热，跟你一样是装出来的。

人们歇斯底里而绝望地需要自我劝服，其中最坦率也最卑微的受害者，就是遍布今天意德两国那些高智商、高学历、感觉敏锐的青年。他们很清楚，极权主义是人民和社会的集体自杀，但他们仍然夜以继日地天人交战，说服自己相信这就是理想中的社会、就是太平盛世的信条。他们倾注所有精神、知识和智能于这个任务，即使内心深处明知毫无希望。那些少数能够闭上眼睛，坚信昨日旧信条、旧秩序的人是幸运的；更少数信奉牺牲、愿意甚至渴望献出生命的人可能更幸运。然而，大多数民众不能活在过去，也不可能从无意义的死亡中寻找价值。他们必须活在当下。但愿他们可以借着吸愈来愈重的毒，也就是靠着没有说服力的自我信念及幻想破灭的狂热，而活下去！人们不断地说服自己相信自己所不相信的、信任与证据相反的事物，还要自行为政府的精心排练欢呼，处处造成理智的紧张，紧张到再多自我麻醉也避免不了精神的崩溃。人们必须找到任何一个实体让矛盾自我化解。既然在理性的范畴内找不到，就只能到神秘主义的领域去找。任何人、任何组织都无法解决“需要秩序”和“不可能建立秩序”之间，及“对极权主义的幻想破灭”和“相信极权主义”之间的矛盾。况且，既然极权主义者没有上帝，就必须捏造能将所有矛盾化而为一的恶魔、超人和魔术师。这样一个非即是是、假即是真、幻想即是真实、空洞就是内涵的恶魔，就是“领袖”的作用。

这位“领袖”只有肉体是人；在精神上，他不像人类会出错，超越了人类的伦理道德、超越了人类社会。他“永远是对的”，从不犯错。他的意志决定了善恶；他的地位凌驾社会之上，不需仰赖社会支持。唯有如此，极权主义社会的紧张状态才能为人们所容忍。唯有盲目而毫不怀疑地信仰领袖，人们才能获得信念的安全感——这是极权主义信条无法赋予又不得不赋予的。

极权主义领袖原则的本质，与极权主义其他所有信条格格不入。要将对一个人的美化，与“政治与社会组织中的法则和理性，正是为了让每一个人都能获得的更高荣耀而存在”的信念相互调和，唯有立基于对神秘的卑微信仰，才有可能实现。而极权主义的理论家竟认为“领袖原则”是具有神学意义的词，这也是秘事一桩。

这个原则和过去欧洲所有一人统治的形式截然不同。在过去，不论统治者的权力来自上天(如君权神授的国家)、军队的力量还是人民的委托，他一定是得到社会的支持才能掌权。而极权主义的独裁者什么也不需要。他口口声声说他“对神负责”，根本只是空话一句，因为他和他的追随者都不信神。他所谓的“来自人民的授权”也一样毫无意义，因为他根本不承认人民有选择领导人的权利。他掌权的基础，他享有如此地位和权力的唯一理由，就是他高人一等。他是个恶魔；极权主义社会解不开的根本冲突，只有他才知道怎么解决。只要他能激发民众的信心、满足他们想走出绝望的期待，他的权力就得到了正当性。

透过领袖原则，群众的绝望自然而然地为极权主义的信条做出一大贡献：没有任何哲学家或政治理论家可以孕育它。墨索里尼和希特勒的“伪贵族领袖理论”，除了名称之外，几乎都不符合法西斯主义的现实情况。尼采所主张的“超人”完全是反社会和反政府的，所以若将他的召唤视为法西斯主义的精神先驱，实在荒谬得可以。因为法西斯独裁者的主要“职责”，是运用个人恶魔般的群众魅力来拯救社会。德国的新教徒农夫常在原来悬挂耶稣像的地方挂上希特勒的画像，这绝非偶然。纳粹的支派，如“德国基督徒”，都很清楚：他们心中的领袖(人身神性)，是世俗化之后的救世主。

“希特勒永远是对的”和“墨索里尼永远是对的”，就是这种神秘主义的基本教义。只有毫不怀疑地相信他们，才会觉得世界和社会是理性而且可以容忍的；只有墨索里尼或希特勒，才能使必要的极权主义信仰成为可能。信仰这些教义，就是精神信仰的真正本质——这是一种超脱理性范畴的经验，不容批评或讨论。

正是这种信念掌握了大众，也正是这种信念，让法西斯政权赖以生存。这不只是大多数人唯一拥有的真实经验，更是他们唯一能够拥有、必须拥有的真实经验。他们必须坚信：这种经验愈深，对极权主义就会愈来愈不满。

显然，把民众对领袖恶魔本性的精神信仰作为社会基础的做法，会使所有独裁的问题更趋严重，特别是这个关键性的问题——如果他死了以后怎么办？也许，透过对往生者的追忆、召唤民众继续盲目地追随他的继承者，就能克服这个难题。但是，这种做法不见得会成功。比方说，尽管列宁去世时宛如一位殉道者，在这种非常有利的形势下上台的斯大林，也没能依靠列宁的群众魅力建立统治基础。不过，他倒是成功地让自己化身为同样深具魅力的领导人。因此，除非法西斯独裁领袖的继任者能成为斯大林第二，否则一定难逃被推翻的命运。

由于缺乏继承魅力领导的合法途径，继位问题一定会成为内部勾心斗角的重点。在德国，几位准“王储”所属派系之间的阴谋，连最基层的地方官员都被卷入其中。诸多(就算不是全部)纳粹政权内部持续的长期争斗，毫无疑问严重地削弱了纳粹政权，而这些争斗除了各觊觎继承者彼此间的敌意和嫉妒外，再没有其他的根据。没有任何事物能比继承争夺战，更迅速地摧毁领袖原则的基础信仰。因此，墨索里尼力图阻止“王储”出现，但他也只能藉由不让优秀人才掌权来摆脱潜在继承者和他们的阴谋。史塔拉斯(Starace)、巴尔博(Balbo)、苏维奇(Suvich)、博诺(De Bono)，还有许多不及他们重要的人物，不是被迫退休，就是在一表明超然立场之后，被客气地驱逐出境。因为需要一位拥有一流管理经验的人才，以防权力落入强烈反对法西斯主义的王族手中，墨索里尼必须拔擢某位重要性低到一定能抗拒阴谋诱惑的高级官员：他选择了查诺(Ciano)。为授予他高于他人的正统地位，墨索里尼把女儿嫁给他。但是，除非查诺能在一夕之间摇身变成极具群众魅力的领导人(这看起来不可能)，否则难以担当这个重任。就算不至于在继承权争夺战当中受创，他最多也只能像克伦威尔的儿子一样，有尊严地退休。

此外，领袖原则也无法用政治手段和意识形态来解决极权主义的问题。它只能透过让民众理智和精神愈来愈紧张的方法，来解决极权主义的内部冲突。没有人能一直生活在“信仰复兴大会”的气氛之下，但极权主义必须仰赖这种气氛才能维持。随着社会继续“极权化”，这种紧张势必愈来愈显著；最后会到达这个地步：不得对领袖有一丝怀疑，否则灾难临头！领袖愈需要人们认为他不会犯错，就愈难让人们继续相信他“永远是对的”；如此一来，他和他的政权也就更加脆弱。因为，“人有恶魔本性”的信念必须每天得到确立；奇迹也必须反复发生，必须愈来愈成功，最好不要间断。人们对奇迹的信仰变得愈来愈狂热。群众愈需要信仰领袖，对于这种信仰强加的压力，以及信仰随时可能崩溃的危险，就感受得愈强烈。

一旦在领袖恶魔本性的信仰之外，还有别的选择(换言之，一旦有新秩序和新信条出现)，这种信仰就会崩溃。但也只有这样(这也就是极权主义的成就和力量的泉源)，它才会崩溃。毫无疑问，在别无选择下，大多数民众将继续彻底绝望地膜拜他们自创的恶魔。

但同样毫无疑问的是：百分之九十九的德国和意大利人民，会立刻试图重建任何一个能提供理性社会和理性世界的新秩序，使每个人能回到理性的位置发挥理性的功能。一个显著的例子是1938年3月，奥地利最后一任总理舒施尼格博士，孤注一掷地勇敢追求新的社会基础和新的秩序。说真的，舒施尼格除了个人胆识及请求民众鼓起勇气的呼吁外，没有任何着力点。可惜，这次行动失败了，与他之前多次试图打造“天主教总体国家”的努力一样，未能建立新观念和新秩序。这次行动缺乏可行的基础，事实上，自资产阶级民主和社会主义一同在1927年崩溃以来，奥地利就没有任何基础可言了！但这次行动，这绝无仅有可能造就新秩序的希望(虽然十分微弱)，却对德国全体民众造成莫大的震撼，以至于希特勒就算原本没做此打算，也不得不以武力侵犯、摧毁奥地利。希特勒很可能知道侵略之举毫无风险，但就算有开战之虞，他也必须冒这个险。否则，纳粹政权可能已经瓦解了！在奥地利的提洛尔、巴伐利亚和德国西南部等死忠纳粹信徒的大本营，许多老党员的意志已经开始动摇了；而一旦奥地利受到侵略，人们寻求其他选择的希望也随之破灭，极权主义对希特勒的信仰立刻再占上风。当时心中仍相信有其他出路的奥地利民众，也因为绝望而被迫转而相信纳粹。这足以解释深深困扰外界观察家的几个问题：为什么奥地利人民的转变如此迅速？为什么连消极的抵抗也没有？还有为什么纳粹的恐怖行动会以最糟的方式，在之前反纳粹的维也纳爆发？

极权主义革命显然不是一个新秩序的开始，而是整个旧秩序崩溃的结果。它不是奇迹，而是海市蜃楼，一有新秩序或是关于人类的新概念出现，便会化为泡影。法西斯主义只能否定已瓦解的经济人概念，但创不出可取而代之的新概念。但话说回来，除非能建立一个立基于自由、平等之欧洲价值观的新秩序和新概念，否则欧洲，乃至于整个西方世界，将难逃毁灭的命运。

从极权主义革命一直采取的形式看来，这种新秩序最终一定会出现。在缺乏真正秩序之下，民众用组织来代替秩序；在没有神可以崇拜、没有关于人的概念值得遵循的情况下，他们只好膜拜恶魔，这些强烈显示了：民众亟须一个秩序、一个信仰，以及一个理性的人的概念。他们愈是狂热地成为法西斯分子，就愈热衷于追寻别的事物，也愈渴望能够迎接新秩序到来。扩充军备、极权主义的社会组织、打压自由、迫害犹太人、发动反宗教的战争……这些都是软弱，而非坚强的象征。它们根源于最黑暗、最深不可测的绝望。而民众愈是绝望，极权主义就愈显得根深蒂固。人们在极权主义道路上走得愈远，就愈感到绝望。一旦有人提供新的选择(可惜没那么快)，整个极权主义的魔法，就会像梦魇般消逝无踪。

只要一个新秩序能重新赋予民众积极的信仰，以取代完全消极的信条；能重新证实生命与社会的正当性，而非拼命鼓吹无意义的牺牲；能重新带来人类尊严和价值，而非否定其存在，不论极权主义怎么增强力量，都将无法抵抗新秩序势如破竹的胜利，甚至连最微弱的抵抗都不可能。就算极权主义的教育控制了年轻一代的思想，并且被世人普遍认为是文明最严重的威胁，也丝毫不能改变这种形势。一个国家的青年或许会为了积极的思想与秩序而愿意接受严密控制；但只有在别无选择之下，才有可能为了消极的思想或组织，而接受严密的控制。教育或许可以教孩子只从单一角度思考问题，却不可能把他们教得完全不会思考。

如以历史观，也就是从西方历史延续性的观点来看我们的时代，我们对于“新秩序一定会出现”的信心可得到支持。因为欧洲历史延续性的断裂，并非今天第一次出现；在13世纪和16世纪，欧洲秩序就曾两度瓦解。历史能不能延续，会不会有任何新秩序出现，在当时根本看不出来。这两次瓦解的原因与今天一样，都是由于对人的概念的信仰崩溃：13世纪的人们信仰灵性人，16世纪的人们崇尚智性人。这两种概念之所以崩溃，是因为事实证明：以它们为基础所建立的社会，无法实现自由与平等这两项社会基本要素。像今天一样，这两个社会，也就是中世纪初的神圣罗马帝国，以及清教徒宗教改革者提倡的圣徒社会，都在看来接近完美时崩溃。

今昔相似之处甚至可以延伸到以下的细节。加尔文主义之于智性人社会，就如同马克思主义之于经济人社会：两者都宣称自己的信条就是救世主。两者也都相信唯有牺牲真正的自由，才能达到自由和平等。加尔文主义借着宿命论确立教义，一如马克思主义透过阶级状况来确立原则。两者都在当时社会废除了真正的自由，好让人们继续相信，自由马上就要在即将来临的社会中获得实现。然而，当事实证明他们只能实现一个不自由的社会后，这两种主义，这两种秩序，也就彻底崩溃了。跟今天一样，那两段旧秩序瓦解与新秩序出现之间的过渡时期，是充满混乱、恐慌、政治迫害与“极权主义”的时代。当时也确实有人相信：西方的末日已经来临，不可能再有任何新的发展了。但突然间，新秩序不知从哪里冒出来，梦魇瞬间消失，仿佛从来没出现过一样。但丁曾以为：所有值得为其而活的东西，都随着保皇派(Ghibelline)皇帝的覆灭一起消失了。然而但丁自己却孕育了在一代之后突然开花结果的文艺复兴时期。当开普勒葬身于三十年战争的动乱中时，欧洲似乎只剩下绝望，外加政治迫害和宗教法庭；但也正是从那时候起，笛卡儿和伟大的英国政治哲学家们，开始奠定新的经济人社会，以及新秩序的基础。

最后会从经济人社会废墟上出现的新社会，将再度力求实现自由和平等。虽然我们还不知道哪个领域会是未来社会秩序中的基本架构，但我们知道那不会是经济领域，因为它已经起不了作用了。这也就是说，新秩序将能实现经济上的平等。毕竟，如果每一种凭借基督教基础而建立的欧洲秩序，都力求实现自由与平等，它也会力求让那个作为社会基本架构的领域获得实现。自由与平等是无法先实现的，它们只能作为那个领域的承诺。只有新的领域成为社会的基本架构之后，自由与平等才可能在某个领域获得实现。因此，只有人们放弃将精神领域作为社会基础之后，才可能实现宗教自由与宗教平等；只有在经济成为社会区分与社会满足的基础之后，形式民主下的政治平等才可能落实。同样地，也只有当经济平等不再被视为社会最重要的事情、新领域中的自由平等也成为新秩序的承诺时，经济平等才可能实现。

努力追求难以达成的自由与难以达成的平等，向来都是西方历史前进的动力。当其他文明已趋于稳定之际，不论我们是由低处向高处爬，还是不断向下沉沦，西方文明基础的动力与救世主的特性，都让我们得以持续发展。同时，它也赋予我们内在意识形态的力量，来掌握这个世界。虽然现在，这种掌握能力似乎受到我们自己部署的武器所攻击，但只要我们找到一种有效的新秩序，所有外来的攻击马上就会瓦解。

不过，西方历史的动态特质，既是我们的力量，也是我们的弱点；这种特质让过渡时期一定会出现，就像现在。今天，欧洲群众人民纷纷涌向极权主义的邪恶魔法，而不愿忍受无秩序的世界和无意义的社会，这只彰显一个事实：让欧洲之所以为欧洲的力量，仍好端端地存在着。

第八章

未来：东西对抗？

西方民主国家必须了解：不论社会主义、资本主义，或是两者的混合体，都不可能战胜极权法西斯主义。只有自由平等社会下的全新非经济概念，才能将它击溃。法西斯国家也许会被消灭，也许会退化成无政府状态；但资本主义和社会主义都不会因此重生。相反，若是西欧民主国家无法建立一个为个人争取自由平等的非经济性社会，将会被迫走向极权主义。

民主国家不分左派右派，迄今仍不愿承认只有“极权主义”和“新社会”这两条路可走。他们还在寻求第三种可能，希望能够在经济人社会的基础上维系自由；将这种想法投射到政治现实上，就产生期待苏德两国交战的念头。他们认为，只有透过这样一场战争，才可以避免极权主义对西方国家发动攻击。西方国家若不施行法西斯主义，又不发展一个自由平等的非经济性社会，势必难逃此劫。只有苏德开火，才能拯救西方免于陷入水深火热；因此，这场战争是维持经济人社会的唯一方法；因此，它非打不可。

这种念头的始作俑者是欧洲的左派政党。他们认为民主国家和“民主”苏联应该组成“联合阵线”，认为这种联盟能带来完美的民主社会主义；结果，这些主张造成的伤害，远超过去二十年来的所有政治错误。认为苏德之间有“无法和解的冲突”，是直接导致欧洲右派政党亲法西斯的原因，他们相信：法西斯主义既然反对共产主义，就一定会支持资本主义，因此它基本上是有益的。法西斯曾被指责为“反社会主义”，也诱惑许多德国商人与实业家做出法西斯会支持资本主义的结论；这些人已经得到教训了。然而，尽管法国和英国的右派原本都属意对抗法西斯主义，但“苏德战争不可避免”的口号，却让许多人乐见法西斯的发展，以便看到“两虎相争，必有一伤”的局面。这种思维正是“绥靖政策”的基础；为了让冲突早日发生而驱使德国向东扩张的结果是，捷克斯洛伐克惨遭牺牲。

事实上，期待苏德开战的想法，绝对只是一厢情愿。除非意外介入，否则苏德战争是打不起来的。这两大强权既不打仗，到头来必会联手对抗西方。左派人士已经了解到：“联合阵线”既不能避免大规模战争，也无法逆法西斯浪潮而上。而在右派人士从“苏德必将一战”这个自以为是的幻想中惊醒后，欧洲民主国家也就没有任何计划或政策等诸如此类的东西了。事实上，不管欧洲各国政府是怎么死守着“苏德必将一战”的信念，“苏德结盟”的鬼魂已经成了他们的梦魇。而今日的梦魇，很可能就是明天的事实。

苏联和德国将来必会比肩而行，因为它们在意识形态和社会上都非常相似。欧洲左派不敢承认这个，是可以理解的。他们若是承认苏联跟德国一样也是法西斯国家，就等于承认社会主义终将失败，也就等于抛弃了自己。但闭上眼睛是什么也得不到的。相反，就是这种不愿承认现实的态度，让他们什么事也做不成。至于右派政党，他们知道苏联的本质和德国雷同。因此，他们不愿做出这样的结论，甚至还坚持“苏德必将一战”的说法，就更不可原谅了。只能说(但不能以此为借口)，是绝望让他们如此自欺欺人，让他们期盼奇迹出现。

至于德国，她一天一天走向更极权的道路。那也意味着，德国和西欧维系长久和平的希望愈来愈渺茫。德国愈极权，就必须愈反对民主制度和民主国家，视之为魔鬼般的敌人。不管德国的政治领袖有多么想与英国交好，这个极权国家固有的动力和需求，都会凌驾他的意图。如果英国不是敌人，那法国就是；如果两个都不是，那么就一定是美国。因为民主国家持续存在，正是极权政权维持内部稳定最严重的威胁。民主国家愈是退让，纳粹主义就愈肯定自己不可能和他们维系长久和平，也愈确信敌人会在西方出现。

纳粹这么想是对的：极权纳粹的敌人不会是在东方，不会是苏联的共产主义。苏联想要以马克思社会主义达成自由平等的理想完全破灭后，也被迫走上德国正走的同一条路，通往极权、完全消极、不自由和不平等的非经济性社会之路。之所以如此倒不是因为共产主义和法西斯主义的本质相同。法西斯主义是欧洲人民在共产主义被证明为幻想之后，到达的另一个阶段。事实已经证明，斯大林主义下的苏联，和希特勒上台前的德国一样，都是幻想罢了。在列宁逝世、苏联以新经济政策取代了原本的五年计划后，共产主义就已名存实亡了！在新经济政策下，仍有人抱持着实现自由社会主义社会的希望。但自第一波五年计划实施以来，事情愈来愈明显：这只会导致更严重的不平等、导致自由完全丧失、导致世袭的官员以统治阶级之姿出现。过去几年当中，苏联不得不接连实行更纯粹的极权和法西斯原则。我们必须强调，那不是“斯大林主义的阴谋”，而是因为苏联已经别无选择。就像德国一样，苏联也开始建立“非经济社会”。渐渐地，苏联所有目标和整个社会结构都成为军备运动的附庸，而且也和德国一样，都说是为了社会。此外，为了自圆其说，苏联政府也开始捏造一些国内外的敌人。自整肃行动开始，苏联人生活的氛围，就跟法西斯国家对抗自己捏造的敌人的“圣战”一样了。苏联为了与德国结盟而在意识形态上所做的准备，在下面两件事表露无遗：她愈来愈着重于完全消极地美化组织、赞扬组织本身即是目的；还将斯大林推崇为绝不会犯错的恶魔般的“领袖”。像德国一样，这两种信条成了苏联民众信仰的唯一内涵。对这两国来说，真正的敌人是西方国家；西方的自由理想、社会经济基础和秩序残骸，都是苏德要否定、驳斥及对抗之物。

社会和意识形态的基本动力，无论对内还是对外，都是一场革命最具决定性的因素。其他种种，例如经济、军事、政治等因素，都是次要的；只有在稳定的社会中，这些因素才具有崇高或独立的重要性。的确，社会基本结构真正的革命性变迁，其最显著的特征，可能就在于社会和意识形态的内在动力所具有的崇高而决定性的地位。我认为苏德联盟是迟早的事，即使其他种种因素都指向不可能。内部需求会迫使她们走在一起，就像迫使1791年英国、普鲁士、奥地利和俄国结盟对抗革命的法国，或是迫使新诞生的美国和法兰西共和国同仇敌忾，在1812年发动战争——与拿破仑站在同一战线。除了意识形态的基础外，苏德联盟还有稳固的经济和军事基础。事实上，两国要解决各自的经济和军事难题，除了联盟别无他法。

从经济面来看，唯有与苏联结盟，德国才能解决这个难题：她的原料一直仰赖从世界市场进口，因而不得不冒险加快缩减消费的速度。德国的巴尔干经验更让她加快与苏联结盟的脚步。在掌控巴尔干半岛及东南欧的原料之后，德国在进口上的困扰不但不可能削弱，反而会增加。巴尔干各国虽不如传说中富裕，但确实拥有丰富的原料资源。但这些国家可不是新兴殖民地。巴尔干是欧洲人口最稠密的地区，尽管按照一般人口统计标准来说，其密度只能算中等。但由于东南欧缺乏人口高度集中的大都市，因此这个中等的数值显示：这块土地其实是过度拥挤了。巴尔干每个国家的农业人口密度都至少是德国的两倍。而且与一般人认知相反的是：巴尔干半岛的土壤大多极其贫瘠。在匈牙利和罗马尼亚这两个唯一拥有大型庄园的巴尔干国家，就算推行最彻底的土地改革，也无法创造出足够的土地，分给没有土地的农民。今天有百分之八十的匈牙利农民没有足够的土地种植满足最低粮食需求的作物。进行彻底的土地改革后，恐怕仍会有三分之二的农民和现在一样贫困。目前巴尔干农场的平均面积是三到四英亩，也不可能再扩大了。由此看来，掌控巴尔干半岛，对解决德国农民的问题毫无帮助。

德国能否征服巴尔干半岛各国，取决于德国能否赢得占了巴尔干各国总人口百分之九十、亟须土地而饱受剥削的农民的支持；必须给他们承诺：在德国统治下，他们能享有更高的生活水平。纳粹党非常清楚这点，所以在巴尔干所有宣传的目标，都是希望能动员农民潜在的反叛力量来对抗巴尔干目前的统治者。纳粹党也很清楚：一定要兑现对农民的承诺(至少一部分)，才有希望控制巴尔干；万一德国面临战争或危机时，才能便于取得原料。因此，德国必须让这些农民尝到经济利益的甜头。这部分的利益如要取自德国本身的盈余，就势必要进一步减少德国国内消费；如要取自巴尔干国家本身的生产，这些国家能为德国提供的原料出口量，也势必会减少。这两种情况都对德国不利。德国可以强迫南斯拉夫的非纳粹政府接受德国的阿司匹林，作为德国购买南斯拉夫小麦和铜矿的报偿。南斯拉夫农民真正需要的是布料，却拿到阿司匹林，如果他们因此而怪罪自己的政府，这样对德国才有好处。但要是这个政府是由纳粹党任命、只是柏林扶植的傀儡，纳粹党人就不敢冒这个让农民不满的险了。他们必须给农民实实在在的货物，实实在在提高他们的生活水平，这就是成为军事、政治最高统治者的代价。

德国在第一次世界大战的经验就充分证明了这点。当时，德国也控制了巴尔干半岛，甚至包括乌克兰。唯有把一大部分的当地物产留给当地人，德国才能继续掌控该地。因此，德国不但没有纾解本国粮食及原料不足的问题，反而得用自己贫乏的资源来帮助占领区。

当然，在遥远的将来，德国对巴尔干产业的投资有可能开花结果，供应更丰裕的原料资源。但随着巴尔干各国的产量逐年上升，随之而来的会是德国出口顺差下滑。一些德国实业家和银行家也许马上可以发笔横财，但这种利益更可能留在政府的口袋里，就像德国攻取的奥地利和捷克苏台德区的情形一样。但从德国经济整体来看，控制东南欧应会造成资本净支出，在很长一段期间内都不会有利润，就像奥地利和苏台德区需要救济补贴以及对资本和货品的投资，而不保证有利可图。

因此，控制巴尔干半岛无法解决，甚至无法减轻德国的经济问题；但若和苏联建立经济关系，就不会遇到在巴尔干碰到的经济难题。相反，这么做还能一并解决德国极权体制下的经济问题。除了乌克兰以外，苏联的农业人口比例偏低，平均来说土地肥沃，原料资源丰富。西伯利亚广无人烟的平原更提供了充裕的空间，来建立以工业化、节省劳力及大规模生产为基础的农业企业。更重要的是，虽然苏联农业有良好的工业发展基础，但因缺乏资金，加上种种不利于进一步削减消费的政治与自然障碍，所以在没有外援的情况下，苏联很难利用这项产业。如果缺乏资金的问题获得解决，工业产量就可能急遽增加。因此，尽管苏联农业人口的生活水平有待提升，一旦新资金投入，苏联的生产量还是会增加得比消费量迅速。人口稀少但具有富庶潜力的苏联，可望生产更多利润；而人口过多而贫穷的巴尔干各国，利润却暴跌不止。况且苏联需要的只是德国过剩的东西。她需要能大量生产的高级机器，这不需原料，但需高技术打造。她需要高效率的运输及配销系统，同样，这也是能力和经验，而非原料投资的问题。这些设施和投资对苏联来说极为重要，以至于她愿意为此付出高于世界市场数倍的价格，以及德国所需的原料。

理论上，苏联似乎可以从民主国家获得必要的援助，正如德国似乎只要回归自由资本主义，就可以解决本身的经济问题。但事实上，苏德若不放弃本身的社会与政治制度，就不可能从资本主义国家那里获取所需的资金。极权主义下的社会和政治，必须实行完整的极权主义经济。一旦完全控制权或经济活动完全附属于非经济事务的状况出了例外，不管多细微，都会对极权社会造成妨碍和危险。俄国人从 1920 年代末期的“外国租界”(foreign concessions)中体认到这点：尽管这些隶属于资本主义企业的岛屿完全与非经济社会隔绝，尽管它们仍全在掌控之下，但它们的存在就是整体经济的污点。就算这些岛屿经济功效卓著，却不得不废除。毕竟，极权主义的政治和社会现实，不容许和任何属于非极权社会和政治体系的国家进行密切的经济合作。因此，在向外寻求经济援助的路上，苏联和德国一定会相逢的。

德国可从两国联盟获取较大的经济利益，苏联则是在军事方面受惠良多。苏联政府不可能同时在两个战线作战。唯有苏联将全部武力投注于远东，远东地区的省份才有可能抵挡一流的亚洲强国，否则这块未开发、人口稀少而耕耘不足的领土就会遭到染指。同理，西部战线也是如此。除了海参崴以外，乌克兰是苏联最弱的环节。乌克兰人向来反抗俄国统治，他们是坚决的民族主义者，决不会屈从于布尔什维克的土地政策。在离大战很久以前就富裕起来的乌克兰农民，认为这种政策是苏联强制实行的征收政策，意在讨好俄国城市中非乌克兰人的统治阶级。如果苏联必须同时在东西两边作战，乌克兰必定难以保住；但如果仅需在西边前线作战，乌克兰就几乎坚不可摧了。

苏联于 1933 年至 1938 年间实行的"联合阵线"政策，正是基于这些考虑。加强与国际联盟的联系、与西方民主国家合作、接受集体安全的观念等等，从苏联的角度看来，无非都是为了不让西侧受到德国侵略，进而确保苏联在远东的行动自由。这项政策失败后，事实明显得很：苏联不可能指望西方国家帮助她抵抗侵略。英国的张伯伦政府甚至希望苏联受到侵略；它当然不希望德国把已经对准苏联的矛头，转到别的方向。因此，苏联必须做出选择，到底要和东边还是西边的潜在侵略者修好。就目前状况看来，苏联几乎不可能和远东国家达成长久协议。如此一来，苏联必须试着和德国达成协议。

德国的处境只比苏联稍微好一点。德国也不能同时两面作战；如果德国参谋总部有从世界大战中学到什么教训的话，应该就是这一点了。不管英法政府如何乐观，只要德国继续东进，就不可能和西方国家达成永久协议。即使德国真的只想并吞乌克兰，这个行动也等于攻击了法国和不列颠帝国，尤其是后者。因为德军会威胁到整个地中海东部、小亚细亚和中东，阿拉伯世界就更不必说了。今天比过去更明显的是，大英帝国的边界就在达达尼尔海峡。各国认定德国真正的意图在掌控地中海东部，她不管怎么做也无法平息这种怀疑。德国的策略若是"从柏林到巴格达"就是明智而可以理解的，若是"从柏林到基辅"就未免显得荒谬，毕竟乌克兰人口已经过分稠密了。德国要向东方挺进，就不能指望英国和法国保持中立。因此从军事角度来看，德国也必定很快会和苏联达成协议；如此一来，就算英法反对，整个近东地区还是自动落入苏德的联合控制中。

苏德两国的内在动力最终能否促使两国结盟，唯一的阻碍在于这两位领袖，以及他们的信念。苏联的阻碍比较小；无疑，斯大林已经考虑过所有和德国签订协议的可能性。到1935年以前，斯大林都将苏德关系维持得很好；德国在苏联建立军事、航空学校，两国的经济关系也十分密切。然而在整肃行动中，斯大林全力“清除”的对象不但包括提倡苏德联盟的人，例如在德国受过训的参谋总长，还包括主张“苏德终将一战”的老布尔什维克党人。因此，整肃行动赋予斯大林自由处理外交政治的权力，让他得以不必理会共产主义口号，自行决定要与德国为友还是为敌。起初他似乎倾向于反德；直到慕尼黑会议为止，他始终遵循反德政策，也就是外长利瓦诺夫(Litvinoff)的“集体安全”和“联合阵线”主张。但如今他已经了解，这些概念都是幻想。斯大林宣布今后苏联将集中心力完成“亚洲使命”，这无非暗示他正打算要维持西边的和平，而这种想法迟早会促使苏联与德国达成协议。此外(至少德国敏锐的观察家是如此认为)，整肃行动之后，斯大林面临的反叛威胁与日俱增，也迫使他不得不向为一个可能挺他的地方寻求支持，也就是德国。而要是反叛斯大林政权的行动真的成功了，新上台的统治者必定会与德国交好，这么做不仅是为巩固政权，也是想要获得一个口号，证明他们诚如所言，为人民带来了新气象。

苏德联盟的更大障碍，在于希特勒本人的信念。希特勒仍对纳粹党“精神顾问”罗森伯格(Rosenberg)提出的主张十分着迷。罗森伯格出生于战前的俄国，曾担任沙皇的军官，由于政治和个人因素，他非常厌恶当今的莫斯科政权。他一直鼓吹占领乌克兰，而其他纳粹领导人大多因为乌克兰人口过多而反对。罗森伯格主张全面反对共产主义，他认为，让俄国摆脱俄国人统治(他视之为亚洲政权)而回归条顿民族的怀抱，正是纳粹主义的伟大使命。而希特勒就是他的忠实弟子。

但这个论点仍有待商榷。首先，没有任何革命的“领袖”有办法反对内在的革命动力(虽然自以为可以)。丹东、罗伯斯庇尔和托洛斯基一旦试图扭转革命力量自然的发展趋势，就马上被消灭了。假如希特勒试图和西方国家达成永久协议而对东方发动战争，他也会被消灭。但目前我们没有理由相信，希特勒会试图对抗这股潮流。他的领导才能和成就，都应归功于他能审时度势、随机应变。尽管希特勒过去老是鼓吹要对波兰开战，但他执政不到一年就和波兰签署协议。他过去一直鼓吹经济自由主义、要向垄断宣战，后来却接受社会与经济的极权主义，甚至接受到愿意实行集体耕作的地步。他不再指责德国在战前追求殖民地的行动，这也就暗示：他要抛弃所有与民主国家修好的政策基础。或许苏联只要再退一小步，例如放弃世界革命(这对于苏联民众已不具任何意义)，或是实行反犹太主义(从苏联过去几年的作为看来，这不需要太激进的转变)，就可以让希特勒相信，苏联是值得交的盟友。

因此，最重要的一点是：德国的实权正逐渐转移到反对和西方维持长久和平的那群人手中，他们将极权主义世界革命视为最崇高的目标。这个可以称为“戈林智囊团”的团体，成员包括空军参谋长米尔奇(Milch)将军、四年计划负责人洛布(Loeb)将军、经济部长暨德国经济独裁者芬克(Funk)博士等人。这些人逐渐将德国企业收归国家掌控，排挤商界、军队与党内的对手。沙赫特博士就是被他们驱逐的；而劳工阵线首领(暨纳粹党内的反共领袖)莱伊(Ley)博士、农业部长(不切实际的“平民主义者”)达雷，以及财政部长(保守派人士)史维林伯爵(Count Schwerin)等人，都已经对他们俯首称臣。他们还逼使反对极权主义却得到希特勒支持的陆军最高指挥部退休。这帮人的势力不仅一天天壮大，还变得不可或缺。

这些人和他们的下属、弟子及拥护者，都是十足的纳粹分子。但相较于纳粹的民族主义者和种族主义信条，他们更信仰极权主义的非经济性社会，以及极权主义世界革命。他们可能知道自己需要希特勒，但只把他当作有用的工具、一流的群众领袖，而不是半个神。他们接受反犹太主义，只因为这是摧毁德国资本家的绝佳手段，但他们对“北欧人”就兴趣缺缺。毕竟，戈林四年计划组织是德国唯一容许犹太人或有犹太血统的后裔坐上高位的地方。

更重要的事实是：这些“坚定的极权主义者”均出身于瓦尔特·拉特瑙学派，几乎无一例外。拉特瑙是犹太人、左派民主主义者，在第一次世界大战期间一手掌握德国原料，在外交部长任内被纳粹刺杀；他也是鼓吹极权主义经济的第一人。拉特瑙没有预见极权主义经济会走向法西斯主义，相反，他以为极权主义经济是迈向自由平等的最后一步。但他也明白，只有和苏联紧密结盟，德国才能实现由国家垄断的计划性经济。因此，1923 年他和苏联签订了著名的《拉巴洛条约》（Rapallo Treaty），成为魏玛共和期间，苏德亲密关系的基础。要他的弟子（现在戈林智囊团中，有些成员曾是他最亲密的合作伙伴）忘掉从他那儿学来的东西，几乎是不可能的事。最明显的证据就是，这些逐渐掌握德国命运的人，一直希望和苏联达成协议，就算这不是唯一的选项，却是德国唯一能做的选择了。

无论从哪个角度来看，苏德结盟都势所难免。除非在不久的将来有战争爆发，才可能加以阻止—— 1940 年也许是最后期限。要是迟于这个时间未开战，苏德一定会愈走愈近。这两个极权主义大国要完全了解对方，可能需要两年、五年或十年。他们彼此间的协议，可能会透过瓜分波兰，或联手将意大利和英国逐出地中海东部来实现。他们的联盟或许会以伪乌克兰自治政府为基础，因为乌克兰人是欧洲唯一尚未统一、建立民族国家的民族。乌克兰若达成民族独立，也就合乎逻辑地象征：民族主义已经用罄、无法再作为驱使欧洲前进的动力；而极权主义社会革命将成为唯一的议题。

但相较于下面的问题，上述一切就显得没那么重要了。最重要的是，西欧国家必须做好准备，防范来自东方的攻击；这一仗将决定欧洲未来的命运。不过，命运会变得如何，重点不在这一仗的军事结果：如果西欧是因为走上法西斯道路才赢得战争，那么欧洲仍会沦入极权主义的魔掌。此外，这种决定性战争的胜利，一定会属于社会力量和道德力量较强的一方，即使它的军事力量较为薄弱。一个为了对抗极权主义而采用极权主义的西欧国家，其社会力量和道德力量都比不上那些为了自身目的而拥护极权法西斯主义的国家。

如果极权主义赢得这场战争，欧洲将会经历一段黑暗与绝望交加的漫长时光，一如13世纪和16世纪的“极权主义”时代，原有的欧洲秩序彻底崩溃。极权主义最终一定会自取灭亡，而一个立基于自由平等的新秩序，会从极权主义笼罩的黑暗中出现。如今，在极权主义雪崩似的强势镇压下，其存在不被法西斯承认的个人，也开始向内在寻求自由的新源泉，和一片独立自主的新天地。教会的反抗尽管政治力量薄弱，却是基于良心上的自由挺身对抗极权主义的攻击；“个人宗教信仰”成了德国和意大利诸多顶尖人才的庇护所。能与此相提并论的是，新人文主义（New Humanism）也问世了——主要在青年之间传播：依纳粹政策，青年本应以极权主义路线加以组织、严密控制。这些回头诉诸“欧洲遗产的永恒知识与精神价值”的做法，本身对社会没有什么影响力、创造性和成效可言；不过是绝望得想藉由放弃社会，来寻找一个个人存在与个人自由的空间而已。但同样是放弃社会，刻意舍弃自己的社会功能而蛰居书房的13世纪学者们，却带动了文艺复兴时代的自由概念，以及“智性人”社会。相同地，“经济人”资本家社会的自由概念，也源自于“圣徒”和贵格会成员主动放弃社会之举。如今我们正亲眼目睹同样的现象；它最终一定会造就一场复兴。那些自愿放弃社会的个人，既已不受“经济人”社会概念束缚，一定会创造出新的、非经济的社会内涵，并在其间赋予自由。

但我们不能像当代历史学家回顾“三十年战争”一样，自满地瞻望这个可能性。我们必须试着发展出另一条途径：在我们现有的经济社会基础上，发展出一个新的、自由平等的非经济社会。若能一举成功，我们根本不必担心来自东方的攻击。届时在西欧社会眼中，战争又会成为理性而可以容忍的事物，因为它是为了积极的价值而奋斗，而不只是对抗消极的东西。因此，胜利终将属于新秩序的倡导者。

这种新社会是成功抵抗极权主义猛烈攻击的所有希望所寄；若要加以实现，不管军备多有必要提升，都不是正确的方式。相反，军备本身就是巨大的威胁，因为让经济生产附属于军备和工业防御，就意味着将军备颂扬成社会的目标，而因此有以“经济停摆”为要挟，强行建立法西斯主义的危险。更可能发生的是：军事，一如往常，仍是为了上一场，而非下一场战争做准备。对只能依照经验法则行事的行业来说，这或许是不可避免的，就像经济学家总在为上次发生的经济萧条做准备，股市投机客永远买进上一波大涨的股票一样。但在理解这种情况的同时，对于那些为迎战极权主义而仿效极权主义国家将一切投入军备的做法，我们还是可以抱持健康的怀疑态度，因为这种做法最初是出自于社会方面的考虑，而非军事。

唯有让社会释出新的基本力量，才有办法真正抵御极权主义的攻击。这种新力量不能随心所欲创造，因为建立新秩序没有快捷方式。这种力量是否真的存在于表面之下，我们几乎毫不知情；法国大革命期间的英国就是最好的例子。在法国大革命爆发的前几年，英国似乎已经完全崩溃。她失去了海外殖民帝国，整个社会、议会和政府机关全都已经贪污腐化。每个阶层的人都厌恶君主制，下层阶级甚至公然反对进行工业革命。工业和贸易都濒临破产。人人都认为英国马上就要爆发革命——除了伯克(Edmund Burke)；只有他看到了所有衰败之下的潜伏力量，但各阶层绝大多数的失败主义者，都把他当成傻瓜。另一方面，普鲁士在连战皆捷、实行腓特烈大帝一丝不苟的工业政策后，国内的力量似乎达到巅峰。但没多久，普鲁士就像纸牌搭成的屋子一样坍塌，而整个欧洲社会只有英国屹立不摇。在拿破仑战争可怕的二十年间，英国从18世纪社会的历史延续性中发展出19世纪的新社会。这造就英国成为往后一百年的顶尖世界强国，成了欧洲其他国家的榜样，也为其做梦也想不到的19世纪经济发展及领土扩张，奠定了基础。也难怪尽管英国人未做抵抗、任凭社会及道德崩溃，拿破仑帝国最后还是分崩离析了。但是，如果英国没有发展出全新资产阶级民主的基本力量，欧洲在拿破仑去世或垮台之后，很可能会沦为他将领们手中的玩物，成为永无休止的杀戮战场，成为贫困、悲惨、残害下一代子民的深渊。

我们不知道在我们的社会中，是否也潜藏着如此强大、蓬勃的新秩序力量；也不知道战争的苦痛折磨能否将它激发出来。但是我们至少可以做好准备，不要阻碍力量出现。西欧民主国家至少可以试着让现代战争所需的严格经济掌控，不至于完全剥夺个人自由。尽管他们不能任意建立新秩序，就像无法恢复资本主义和社会主义的正当性和理性一样，但他们不仅可以，也应该强化个人在经济社会中的尊严与安全，重新为个人自由赋予某种意义。

显而易见，要实现这个目标，经济进步必须退居第二位，必须附属于非经济目标，例如充分就业之下。贫困是祸害；而军备竞赛(战争更不用说)导致的贫困，远远超过社会措施失当所造成的贫困，以至于让后者屡遭忽视；但比起完全丧失自由的不幸，贫困就显得小巫见大巫了。明白这点、承认这点是最重要的。西方民主国家为防范极权垮台的危机而提出的所有社会政策，已经被“它们将能符合经济进步的理想”这句说时认真而非欺骗的托辞给污染了。事实上，它们必定会妨碍经济成长。因此，民主国家不仅误用了社会措施，他们“这些措施将会证明对经济有益”的自我欺瞒，更导致超过经济负荷的经济损失。结果，原本才该被捍卫和强化的自由权利，反倒濒临险境。法国的“人民阵线”就清清楚楚地暴露出这种危险。然而，如果我们认为某些必要的社会政策必会对经济造成一定程度的伤害，那我们就该慎重权衡该政策牵涉的经济利益与经济牺牲之间，究竟孰轻孰重。我们不能再妄称哪个政策“对企业有利”，或说某种经济资产的毁损(或许是对整个社会有利且必要的资产毁损)，只要运用“购买力理论”、“消费理论”等魔法，就可以变得对经济有百利而无一害了。

就算我们制定了完美的政策，顶多也只是打好基础而已。政策本身无法创造新社会；要实现新社会，必须仰赖只会在压力下迸发出来的基础深厚的动力。未来十年将会决定欧洲能否找到这股新的动力，引领她走出在经济人崩溃后所面临的绝境；也将决定欧洲在找到新的、积极的、非经济的“自由平等人”概念之前，能否在极权法西斯主义的黑暗中，摸索出自己的路。

图书在版编目(CIP)数据

经济人的末日/(美) 德鲁克(Drucker, P. F.)著;
洪世民,赵志恒译. —上海: 上海译文出版社,2015.7(2025.2 重印)
(大学译丛)
书名原文: The End of Economic Man: The Origins of Totalitarianism
ISBN 978-7-5327-6983-4

Ⅰ. ①经… Ⅱ. ①德… ②洪… ③赵… Ⅲ. ①政治思
想史—研究—西方国家—现代 Ⅳ. ①D091.5

中国版本图书馆 CIP 数据核字(2015)第 085192 号

经济人的末日
[美] 彼得·德鲁克 著 洪世民 赵志恒 译
责任编辑/张吉人 装帧设计/未氓设计工作室

上海译文出版社有限公司出版、发行
网址: www. yiwen. com. cn
201101 上海市闵行区号景路 159 弄 B 座
上海市崇明县裕安印刷厂印刷

开本 890×1240 1/32 印张 5.25 插页 2 字数 122,000
2015 年 7 月第 1 版 2025 年 2 月第 12 次印刷
印数: 37,001—40,000 册

ISBN 978-7-5327-6983-4
定价: 35.00 元

大学译丛　书目

01　《西方哲学史》(上下两册)／[挪] G·希尔贝克,N·伊耶　著
02　《世界经济简史》／[美] 龙多·卡梅伦,拉里·尼尔　著
03　《传播学史》／[美] E·M·罗杰斯　著
04　《美国人:殖民地历程》／[美] 丹尼尔·J·布尔斯廷　著
05　《美国人:建国的历程》／[美] 丹尼尔·J·布尔斯廷　著
06　《美国人:民主的历程》／[美] 丹尼尔·J·布尔斯廷　著
07　《专制与民主的社会起源》／[美] 巴林顿·摩尔　著
08　《希望的原理》(第一卷)／[德] 恩斯特·布洛赫　著
09　《文明的进程》／[德] 诺贝特·埃利亚斯　著
10　《协同学》／[德] 赫尔曼·哈肯　著
11　《资本主义与现代社会理论》／[英] 安东尼·吉登斯　著
12　《社会学》／[英] 安东尼·吉登斯　著
13　《大众传播与美帝国》／[美] 赫伯特·席勒　著
14　《传播政治经济学》／[加] 文森特·莫斯可　著
15　《信息社会的知识劳工》／[加] 文森特·莫斯可　著
16　《宗教与资本主义的兴起》／[英] R·H·托尼　著
17　《希望的理由》／[英] 珍·古道尔　著
18　《自恋主义文化》／[美] 克里斯托弗·拉什　著
19　《“中产”中国》／[美] 李成　编著
20　《西方六大美学观念史》／[波]瓦迪斯瓦夫·塔塔尔凯维奇　著
21　《法律的理念》／[英]丹尼斯·罗伊德　著

22 《观念的历险》/［英］艾尔弗雷德·诺思·怀特海　著

23 《人文科学的逻辑》/［德］恩斯特·卡西尔　著

24 《商业生态学》/［美］保罗·霍肯　著

25 《马克思的历史、社会和国家学说》/［德］亨利希·库诺　著

26 《政治的正义性》/［德］奥特弗利德·赫费　著

27 《跟大卫·哈维读〈资本论〉》/［美］大卫·哈维　著

28 《哲学的邀请》/［美］斯坦利·霍纳　等著

29 《宇宙之谜》/［德］恩斯特·海克尔　著

30 《全球化时代的民主》/［德］奥特弗利德·赫费　著

31 《世界文明史》/［日］山崎正和　著

32 《社会学与人类学》/［法］马塞尔·莫斯　著

33 《桑切斯的孩子们》/［美］奥斯卡·刘易斯　著

34 《论自由》/［法］雷蒙·阿隆　著

35 《卡桑德拉的女儿：欧美精神分析发展史》/［美］约瑟夫·施瓦茨　著

36 《实现罗尔斯》/［美］涛慕思·博格　著

37 《社会学主要思潮》/［法］雷蒙·阿隆　著

38 《全球时代的欧洲》/［英］安东尼·吉登斯　著

39 《社会主义的核心问题》/［英］安东尼·吉登斯　著

40 《经济人的末日》/［美］彼得·德鲁克　著